AF205065

SANDY C. NEWBIGGING

RUHE IM KOPF

SANDY C. NEWBIGGING

RUHE IM KOPF

SCHLUSS MIT DEM DAUERDENKEN

Wichtiger Hinweis

Die im Buch veröffentlichten Empfehlungen wurden von Verfasser und Verlag sorgfältig erarbeitet und geprüft. Eine Garantie kann dennoch nicht übernommen werden. Ebenso ist die Haftung des Verfassers bzw. des Verlages und seiner Beauftragten für Personen-, Sach- und Vermögensschäden ausgeschlossen.

**Aus dem Englischen
von Maria Müller-de Haën**

© Sandy. C. Newbigging 2012
Titel der Originalausgabe:
THUNK! How to Think Less for Serenity and Success.
Findhorn Press, Schottland, 2012
www.findhornpress.com

Deutsche Ausgabe:
© KOHA-Verlag GmbH Dorfen

Alle Rechte vorbehalten
Cover: Andrea Barth / Guter Punkt, München
Lektorat: Traudel Reiss
Layout: Birgit-Inga Weber
Gesamtherstellung: Karin Schnellbach
Druck: CPI Books
ISBN 978-3-86728-301-4

. . . .

FÜR NARAIN,
MEINEN ERSTEN MEDITATIONSLEHRER

Von dir habe ich gelernt,
dass ich nie einen weiteren Gedanken
zu Ende denken muss,
um das Leben zu genießen,
das ich schon immer …

INHALT

»Spannung ist,
wer du meinst, sein zu müssen.
Entspannung ist, wer du bist.«

CHINESISCHES SPRICHWORT

Sind Sie ein Dauerdenker?

· · · · · · · · · · · ·

WENN SIE MIT DEM DENKEN EINFACH NICHT AUFHÖREN KÖNNEN, WANN IMMER SIE DAS WOLLEN, DANN »WERDEN SIE GEDACHT«, DANN SIND SIE EIN DAUERDENKER.

Eines möchte ich von Anfang an klarstellen. Ich sage keineswegs, Ihr Geist und Verstand seien etwas Schlechtes und Sie sollten sich ein für alle Mal das Denken abgewöhnen. Ihr Geist ist vielmehr ein beeindruckendes Werkzeug, mit dem Sie ganz wunderbare Dinge erschaffen können.

Doch ganz offensichtlich schaffen es die meisten Leute, die ich so kennenlerne, nicht, *nicht* zu denken. Und das ist ganz bestimmt ein Problem.

Zu viel Denken ist mit sehr viel Stress verbunden, macht krank, hemmt die Kreativität, schiebt den Frieden immer wieder auf, schränkt unsere Liebesfähigkeit ein und – was womöglich am wichtigsten ist – hält uns davon ab, zu erkennen, wie großartig unser wahres Selbst ist.

Ist es für Sie schwierig, mit dem Denken aufzuhören?
Dann sind Sie keineswegs allein, sondern in guter Gesellschaft!

Für die meisten Menschen, mit denen ich in meinen Praxen, Kursen und Retreats in der ganzen Welt zusammenkomme, ist es schier ein Ding der Unmöglichkeit, im Kopf keine Überstunden zu machen. Sie denken den ganzen Tag, manche auch die ganze Nacht hindurch. Sie können die Flut der Gedanken einfach nicht aufhalten; durch ihre ungesunde Gewohnheit des Zu-viel-Denkens sind ihre Gedanken hartnäckig, unkontrollierbar und gar zu stark geworden.

Wer die Meisterschaft über den Geist erworben hat,
nutzt seinen Geist, anstatt von ihm benutzt zu werden.

Können Sie das Denken nicht willentlich abschalten und einstellen? Dann haben Sie zu Ihrem Geist eine unausgewogene und unproduktive Beziehung. Anstatt Ihren Geist als wunderbares Werkzeug zu nutzen und ihn, wenn Sie fertig sind, sozusagen beiseitezulegen, werden Sie im wahrsten Sinn des Wortes von Ihrem Geist benutzt. Wie ich meine, denken Sie wegen dieser unaufhörlichen Gedankenflut dann nicht mehr, sondern *»werden gedacht«!*

Dieses »Dauerdenken« tritt auf, wenn Sie sich dem
Gedankenstrom im Geist nicht entziehen können und
darauf reagieren müssen.

Dauerdenken ist heutzutage eines der größten Probleme auf dem Planeten und die verborgene Ursache von Konflikten, Leid und Stress sowie der Hauptgrund dafür, dass Sie nicht in den Genuss des Friedens und der Produktivität kommen, zu denen Sie von Natur aus fähig sind.

Wenn Sie ein **Dauerdenker** sind, überlassen Sie unwissentlich dem Inhalt Ihrer Gedanken unbefugterweise die Macht, Ihre Stimmungen, Gesundheit, Beziehungen, Ihren Wohlstand und Frieden zu beeinträchtigen. Und vor allem ist dieses Problem völlig unnötig, denn jede Person, die ich kennengelernt habe, war in der Lage, zu ihrem Geist eine neue Art von Beziehung aufzunehmen.

Die Menschen denken die ganze Zeit, weil sie keine bessere Möglichkeit kennen, mit ihrem Geist in Beziehung zu treten.

Bevor ich die Vorzüge des Nichtdenkens erkannte, konzentrierte ich mich in meiner persönlichen Entwicklung vor allem darauf, meine negativen Gedanken und Emotionen zu verändern. Doch obwohl ich mich sehr bemühte, meinen Kopf bzw. Geist mit besseren Inhalten zu füllen, geriet ich nach wie vor unter Stress und litt unter Stimmungsschwankungen. Warum? Weil ich die zugrunde liegende Ursache meiner Probleme nicht gelöst hatte, nämlich die Gewohnheit, ständig zu denken.

Zum Glück habe ich inzwischen herausgefunden, dass beständigere Zufriedenheit, innerer Frieden und Glück weniger damit zu tun haben, den Geist, sondern vielmehr *die eigene Beziehung zum Geist zu verändern*. Letzteres führt zu mehr innerem Frieden und Produktivität, ganz egal, welche Gedanken Ihnen im Kopf herumgeistern. Stellen Sie sich das nur einmal vor!

Sie müssen nie wieder Opfer Ihrer Gedankeninhalte sein.

Sich einer so befreienden Möglichkeit zu öffnen, ist mit das Wichtigste, das Sie jemals tun können. Deshalb geht es in diesem Buch darum, aufzuzeigen, wie Sie sich nicht mehr auf die *Inhalte* Ihres sich ständig verändernden Geistes, sondern auf den dauerhaft friedlichen *Kontext* Ihres Geistes fokussieren. Ich möchte Ihnen helfen, Ihre zeitweiligen Gedanken und Emotionen loszulassen, in der Hoffnung, Sie entdecken dadurch Ihr wahres Selbst wieder – das Selbst, welches präsent, mächtig und friedvoll ist.

Lernen Sie, weniger zu denken und in Ihrem wahren Selbst zu ruhen, und kommen Sie dadurch in den Genuss eines wunderbaren Lebens, frei von den im Kopf gemachten Problemen und voller Liebe, Gesundheit, Fülle und Glück.

Auf Ihre Freiheit!

Sandy C. Newbigging

Wer hätte das gedacht?

FRIEDEN UND PRODUKTIVITÄT SIND MÖGLICH!

Die Wahrheit ist die Wahrheit – es gibt nur *eine* Wahrheit, und sie ist unaussprechlich. Sie wird auf unzählige Weisen beschrieben, und alle haben einen gemeinsamen Nenner: die Kraft der Metapher. Mit Metaphern wird der Weg aufgezeigt. Wenn die Metaphorik eines Menschen Sie anspricht – und auch bzw. sogar besonders dann, wenn sie sich von der Ihren unterscheidet –, erweitert sie nicht nur Ihren Geist, sondern bestärkt Sie auch auf Ihrem Weg, denn sie erinnert Sie daran, was Sie bereits wissen, aber vor lauter Eile womöglich vergessen haben.

Als ich Sandy kennenlernte, war ich sofort von dem Enthusiasmus beeindruckt, mit dem er sein Wissen weitergab, ebenso von seinem Engagement und seinem Mut, neue Wege einzuschlagen. Ich habe mich selbst in ihm wiedererkannt und war von der Qualität seiner Seele tief berührt.

In diesem wunderbaren Buch verwendet er neuartige Metaphern, um auf dieselbe Wahrheit und denselben Weg hinzuweisen, den auch ich in meiner Arbeit immer aufzeige, und zwar auf vollkommen einzigartige, ihm eigene Weise. Obwohl ich selbst vierzehn Bücher über das gleiche Thema geschrieben habe – weshalb ich normalerweise von ähnlichen Büchern nicht unbedingt etwas Überraschendes erwarte –, hat mich dieses Buch doch sehr inspiriert, und ich fühle mich geehrt, das Vorwort schreiben zu dürfen.

Wie Sandy so gelehrt beobachtet, kommt innerer Frieden und die daraus entstehende Freude nicht so sehr durch veränderte Gedanken zustande, wie manche uns glauben machen wollen, sondern durch das Ändern des ganzen Denkprozesses, indem Sie in einen meditativen Zustand gehen, aus dem reines Gewahrsein hervorgeht.

Reines Gewahrsein – frei von Gedanken dahingehend, wie gut oder schlecht Sie im Spiel des Lebens in Ihrem jeweiligen Umfeld mitspielen, unbelästigt von den normalerweise ablaufenden inneren Kommentaren und Debatten – verhilft zu Leerheit und somit zu der Empfänglichkeit, wie sie von der taoistischen Tradition, die ich lehre und lebe, unterstützt wird. Im Zustand der Leerheit und des Friedens, so heißt es im Taoismus, ziehen Sie sogar die Götter und Geister mit großartigen Geschenken an, von Normalsterblichen ganz zu schweigen.

Anders ausgedrückt: Streben Sie nach Frieden, dann kommt alles andere von allein. In seinem Buch **RUHE IM KOPF** zeigt Sandy Ihnen, wie das geht, und zwar wunderbar eloquent, und ganz zweifellos werden Sie jedes seiner Worte mit Genuss lesen und davon profitieren.

Der Barfußdoktor
Bestsellerautor

»Nichts ist entweder gut
oder schlecht.
Erst unser Denken macht es dazu.«

WILLIAM SHAKESPEARE

Denken oder nicht denken?

•••••••••••••

DAS IST DIE FRAGE,
DIE IHR LEBEN VERÄNDERT!

Wer lernt, weniger zu denken, kommt schnell in den Genuss der damit verbundenen Vorteile. Anstatt sämtliche negativen Gedanken und Emotionen einzeln verändern zu müssen, um *irgendwann* ein bisschen Frieden zu erlangen, können Sie sich *unmittelbar* mit einem Frieden verbinden, welcher innerlich präsent und da ist.

Überlegen Sie einmal kurz, welche Konsequenzen diese bemerkenswerte Möglichkeit hat. Sie müssen nicht tage-, wochen- oder jahrelang versuchen, den Inhalt Ihres Geistes zu korrigieren, zu verändern und zu verbessern, um *eines Tages* innere Ruhe und Gelassenheit zu verspüren. Stattdessen nehmen Sie Ihr Geburtsrecht in Anspruch und genießen ganz einfach und sogleich eine innere Stille, die *bereits da* ist.

Heilen Sie die Beziehung zu Ihrem Geist und erleben Sie die Rückverbindung zu immer mehr Frieden, Glück, Liebe, Freude und Zufriedenheit. Befreien Sie sich dadurch ein für alle Mal von einschränkenden Gedanken und genießen Sie stattdessen die Fülle, die das Leben zu bieten hat. Noch wichtiger ist: Sie können die grenzenlose Großartigkeit Ihres wahren Selbst wiederentdecken – des stillen, ruhigen, ausgedehnten, bewussten Gewahrseins, welches jenseits der Schranken Ihres Geistes existiert.

Leben Sie im Alltag aus Ihrem wahren Selbst heraus, dann können Sie das Leben in seiner ganzen Vollkommenheit erfahren, frei von Problemen, während Sie gleichzeitig Ruhe aus Ihrem inneren »Vorrat« vollkommenen Friedens schöpfen – ein Leben lang.

Aber ich greife vor. Zunächst möchte ich Ihnen erzählen, wie mein Leben in alle möglichen Richtungen verlief, wie es auf und ab ging, bis ich an einen Punkt gelangte, wo ich des vielen Denkens überdrüssig wurde.

Alles lief wunderbar

Ich erreichte meine Ziele und lebte, wie ich dachte, ein erfolgreiches Leben. Doch dann wurde ich aus heiterem Himmel mit der Realität konfrontiert. Obwohl mein Leben genau so war, wie ich es mir immer gewünscht hatte, war ich, wie mir klar wurde, immer noch nicht glücklich. Ich fühlte mich nicht erfolgreich, und um den inneren Frieden und die innere Ruhe war es auch nicht so gut bestellt.

Realitäts-Check

Als Begründer der sehr wirkungsvollen *Mind-Detox*-Methode und international tätiger Therapeut, Kurs- und Retreat-Leiter musste ich zu meiner Überraschung einsehen, dass ich trotz der ganzen Arbeit und Mühe, die ich auf das Ändern meines Geistes verwendet hatte, immer noch ab und zu negative Gedanken und Emotionen hegte. Und was noch schlimmer war: Auch meine Therapieklienten machten diese Erfahrung.

Verstehen Sie mich nicht falsch, die *Mind-Detox*-Methode ist unglaublich effektiv, wenn es darum geht, körperliche Beschwerden zu heilen, emotionalen Ballast abzuwerfen und sein

Leben zu verbessern. Doch trotz allem erlebten weder meine Klienten noch ich selbst dauerhaften inneren Frieden und »Ruhe im Kopf«.

Mein Weckruf am Tiefpunkt

Ich war frustriert und erkannte, dass ich mich nicht darauf verlassen konnte, eine erfüllende Zukunft zu erleben. Und ich wusste: Weiterhin so hart zu arbeiten, um immer höhere und bessere Ziele zu erreichen, würde mich nicht von dem Gedanken befreien, der mich ständig »juckte«: *dass das Leben mehr als das zu bieten hat.*

Und es kam noch schlimmer: Mein wachsender Frust führte zu Beziehungsschwierigkeiten; meine Partnerin verließ mich, und ich verlor dadurch auch das wunderbare Kind, welches ich aufgezogen hatte, das tolle Haus, in dem ich wohnte, das schicke Auto und das gemeinsam angesparte und sicher angelegte Geld.

Ich war am Tiefpunkt angelangt. Ich brauchte Ruhe und begann mich mit alternativen Denk-, Seins- und Lebensweisen zu beschäftigen.

Etwa um diese Zeit herum lernte ich eine Gruppe Meditationslehrer kennen, die mein Leben veränderten. In ihren Augen sah ich einen Frieden und eine Freude, wie ich sie noch nie gesehen hatte, und je mehr Zeit ich mit ihnen verbrachte, desto klarer wurde mir, dass ihre innere Ruhe sehr beständig war. Ich war ganz wild darauf, das ebenfalls zu erfahren, packte erneut meine Koffer und begab mich mit ihnen auf ein mehrere Monate dauerndes Meditations-Retreat. Ich verbrachte zehn Wochen auf der griechischen Insel Patmos und danach weitere vierzehn Wochen in den Bergen von Mexiko.

Eine totale Kehrtwende des Denkens

Wie ich herausfand, waren meine hartnäckigen Probleme nie in meiner Unfähigkeit, »positiv zu denken«, begründet; ihre wahre und letztendliche Ursache war vielmehr meine Gewohnheit, ständig zu denken. Beim Denken fehlten mir der Frieden und die innere Ruhe, die eigentlich immer da sind.

Indem ich lernte, präsent zu sein und weniger zu denken, konnte ich mein Leben viel mehr genießen. Seit mir diese aufschlussreiche Wahrheit zuteil wurde, erlebe ich so viel Frieden, Glück, Liebe und Zufriedenheit, wie ich sie nie für möglich gehalten hätte. Hoffentlich gelingt das auch Ihnen mithilfe dieses Buches.

Frei von zu viel denken

Wenn es darum geht, sein Leben lang inneren Frieden, Wohlstand und Erfolg zu genießen, kommt es letztendlich darauf an, wie Sie mit Ihrem Geist in Beziehung treten. Müssen Sie Ihre negativen Gedanken anhalten, um Frieden und Fülle zu spüren, bleiben Sie für immer das Opfer der willkürlichen Bewegungen Ihres Geistes. Doch sobald Sie sich Ihres stillen, ruhigen geistigen Kontexts bewusst werden, merken Sie auch, dass sofort mehr Ruhe und Fülle als noch einen Moment zuvor einkehren.

Noch wichtiger ist aber: In dieser ruhigen Stille bewusst zu verweilen, gibt Ihnen die Macht, sich für ein Leben im Zustand bedingungslosen Glücks und beständiger Zufriedenheit zu entscheiden – inmitten eines Ozeans reiner, tiefer und grenzenloser Liebe.

> *Hört sich das gut an? Das Beste daran ist:*
> *Auch Sie können das. Ja, Sie haben richtig gehört: SIE!*

Egal, was in Ihrem Leben passiert ist, wer Sie Ihrer Meinung nach heute sind, was Sie als Ihre Erfolge und Misserfolge ansehen, Ihre guten und schlechten Eigenschaften, Ihre guten und absolut schlimmen Taten, Ihre Höhen und Tiefen … Egal, ob Sie nun den Körper, das Aussehen, das Liebesleben, die Ausbildung, Karriere, das Geld, das Haus, die Hobbys oder das Leben haben, die Sie Ihrer Ansicht nach haben sollten – ich sage Ihnen eine unstrittige Wahrheit: Nichts, aber auch gar nichts von alldem ist letztendlich wichtig. Zumindest nicht, wenn es um die Fähigkeit geht, die jeder Mensch hat, im Hier und Jetzt Gelassenheit und Erfolg zu erfahren.

Ja, Sie haben richtig gelesen: Es gibt weder Voraussetzungen noch bestimmte Initiationsriten, noch müssen Sie an sich etwas verändern oder verbessern, um ein Leben lang Frieden und Ruhe zu genießen. Denn ob Sie es nun glauben oder nicht: In Wahrheit *sind Sie bereits* ein absolut wunderbares, unendlich bewusstes, total hinreißendes, vollkommen friedliches, mit Liebe erfülltes Menschenwesen. Das *sind Sie!* Ob Ihnen das nun passt oder nicht. All das ist Ihnen angeboren; es ist das Geschenk, das Sie bei der Geburt mitbekommen haben. Und es ist Ihr Geburtsrecht, Ihr *wahres Wesen* zu erfahren.

Sie mögen das nicht glauben und auch nicht fühlen. Und es entspricht womöglich nicht Ihrer derzeitigen Erfahrung. Doch dadurch wird es nicht weniger wahr. Wahrheit setzt Glaubensüberzeugungen und Gefühle außer Kraft. Wahrheit ist etwas absolut Reales und Permanentes; Überzeugungen und Gefühle dagegen sind nur relativ wahr und gehen vorüber. Und die Wahrheit ist: *Sie sind* all das Wunderbare, was ich gerade beschrieben habe, und noch mehr.

Hier wird Ihnen alles geboten, was Sie sich jemals erhofft haben. Sie haben die Chance, im Herzen von allem zu ruhen, was gut ist. Einfach indem Sie nicht mehr den trügerischen Gedanken daran glauben, was Sie alles *nicht* sind, können Sie den reinen Frieden und die grenzenlose Schönheit dessen entdecken, *was Sie bereits die ganze Zeit gewesen sind.*

Frieden ist Ihr natürlichster Seinszustand

Nicht im Frieden zu sein ist anstrengend und stresst den Körper. Der Geist ist der Herr und der Körper der Diener; oder anders ausgedrückt: Der Körper folgt dem Geist.

Wie führende Wissenschaftler herausgefunden haben, ist Stress eine der Hauptursachen für körperliche Krankheiten und Beschwerden; umgekehrt heilt der Körper schneller und funktioniert optimal, wenn er ruht bzw. im Frieden ist.

Sie wurden nicht auf diesen Planeten geboren, um krank zu werden.
Sie wurden geboren, um zu leben!

Sie wurden geboren, um ein atemberaubendes, beeindruckendes Leben zu führen! Sie haben das Potenzial und die Chance, sich fantastisch zu fühlen und eine wunderbare Realität zu manifestieren. Ihr natürlichster Seinszustand ist die Erfahrung vollkommenen Friedens, grenzenloser Liebe, haufenweisen Glücks und totaler Ganzheit, und dazu brauchen Sie gar keinen bestimmten Grund. Uns wird beigebracht, wir müssten etwas *tun*, um so wunderbar zu *sein*. Doch das stimmt einfach nicht. In Wirklichkeit ist es genau umgekehrt. Ruhen Sie einfach in Ihrem wahren Selbst, wie ich das nenne, dann können Sie alles bekommen, was Sie sich nur wünschen können.

Das hat nichts mit Optimismus zu tun.
Es ist ganz einfach Ihr Geburtsrecht.

Ist es nicht eine große Erleichterung, die Wahrheit zu erkennen? Ihr Herz weiß, dass das wahr ist; es reagiert auf diese Worte. Lassen Sie sich von diesem inneren Wissen führen. Vertrauen Sie Ihrem Herzen. Stellen Sie Ihren Kopf infrage. Denn wie Sie herausfinden werden, können Sie auf der Stelle Frieden erleben – indem Sie lernen, weniger zu denken, präsent zu sein und das zu erforschen, was jenseits der Grenzen und Beschränkungen Ihres Geistes existiert.

Der Frieden, der immer da ist

In Ihrem Gewahrsein existiert genau in diesem Augenblick fortwährend ein ruhiger, stiller Raum. Ein Frieden. Womöglich nehmen Sie ihn aber nicht wahr, weil Sie vergessen haben, dass er existiert.

Während Sie heranwuchsen, wurden Sie dazu ermuntert, einhundert Prozent Ihrer Aufmerksamkeit auf die Bewegungen Ihres Geistes, Ihres Körpers und Ihres Lebens zu lenken. Nur selten, wenn überhaupt, wurde Ihnen die erhellende – um nicht zu sagen: erleuchtende – Wahrheit nähergebracht, dass alles, wirklich alles, im Rahmen eines beständigen Kontexts reiner, vollkommener, ruhiger und stiller Bewusstheit geschieht. Oder anders ausgedrückt: dass Ihr Geist, Ihr Körper und Ihre Welt alle in einem unendlichen, beständig präsenten Frieden existieren.

Womöglich verpassen Sie also den Frieden, der Ihnen von Geburt an zusteht. Sie spüren das, worauf Sie sich fokussieren. Wenn Sie also Ihre Aufmerksamkeit auf das in Ihrem Gewahrsein lenken, was sich ständig bewegt, sich immerzu verändert und von Natur aus ständig im Fluss ist, fühlen Sie sich schließlich unwohl. Und nicht nur das: Weil Sie ein riesengroßes Stück Ihrer selbst und der Realität verpassen, haben Sie im Leben vielleicht das Gefühl, es würde etwas fehlen, es müsse im Leben mehr geben als das, was Sie derzeit erleben. Können Sie damit etwas anfangen?

Näher als der nächste Atemzug

Der Frieden, nach dem Sie streben, ist immer da. Er existiert nur im Jetzt. Aber Ihnen wurde beigebracht, über die Vergangenheit und die Zukunft nachzudenken, und deshalb sind Sie im Kopf vielleicht nur einen Schritt von diesem immer präsenten Frieden entfernt.

Doch die gute Nachricht lautet: Dieser von Ihnen angestrebte Frieden sitzt direkt vor Ihrer Nase, ist näher als Ihr nächster Atemzug. Dieser Frieden – das sind Sie. Er ist hier! Und ganz egal, wie lange Sie sich davon haben ablenken lassen – es dauert nur einen winzigen Augenblick, nach Hause zurückzukehren.

Meine Hauptbotschaft für Sie in diesem Buch lautet:

Lenken Sie Ihre Aufmerksamkeit zurück auf diesen ruhigen, stillen Raum, der genau jetzt in Ihrem bewussten Gewahrsein existiert, und Sie werden sich auf der Stelle wieder mit dem reinen Frieden verbinden, der immer präsent ist.

Der Weg zum Frieden führt durch eine stille Tür der Ruhe. Gehen Sie mit Ihrer Aufmerksamkeit zurück in die Stille, die immer, und immer im Jetzt, existiert, und Sie ruhen und verweilen unmittelbar in der grenzenlosen Schönheit und der friedlichen Präsenz Ihres wahren Selbst.

Heute begeben Sie sich auf eine Reise, die Sie von zu vielem Denken befreit; seit uralter Zeit wird sie als Pfad der Weisen, Pfad der Rückkehr, Pfad des Helden und Pfad der Freude bezeichnet. Sie ist all das und mehr. Sie werden etwas ganz Einfaches lernen, aber bitte unterschätzen Sie nicht seine Bedeutung und Größe. Ihr wahres Selbst kennenzulernen ist der Sinn Ihres Lebens; dazu wurden Sie geboren.

RUHE IM KOPF handelt davon, dass *viel weniger* unendlich viel mehr ist. Dieses kleine Buch soll Ihnen genügend Anleitungen geben, damit Sie das bekommen, was im Angebot ist, aber ohne zu sehr in Einzelheiten zu gehen, damit Sie sich nicht in Inhalten verlieren. Einfachheit ist der Schlüssel. Machen Sie es also nicht gar zu kompliziert. Wenn es sich beim Lesen schwierig anfühlt, hören Sie bitte auf und gönnen sich eine Pause. Genau der Versuch, es zu »kapieren«, lässt Sie womöglich in Ihrem gewohnten (Dauer-)Denken feststecken.

Weniger zu denken ist viel einfacher,
als Sie vielleicht denken. Halten Sie es also einfach!

RUHE IM KOPF zeigt Ihnen, wie Sie sich sanft aus dem Griff Ihres Geistes lösen. Es geht nicht darum, sich zu bemühen, ihn zu manipulieren, zu verändern oder zu korrigieren, sondern darum, zu lernen, bewusst im gegenwärtigen Moment zu verweilen, und zu bemerken, was existiert, wenn Sie das Denken loslassen.

Sie selbst zu sein,
muss leicht, natürlich und einfach sein.

Wenn Sie einen Aspekt an sich wiederentdecken, der *bereits existiert,* dann wissen Sie auf einer Ebene bereits viel von dem, was Sie in diesem Buch lesen werden. Der Sinn und Zweck der folgenden Seiten besteht darin, Ihnen zu helfen, sich an das zu erinnern, was Sie in Ihrem tiefsten Innern schon wissen, und Sie zu ermutigen, die vorgestellten Spiele tatsächlich auszuprobieren. Damit lenken Sie Ihre Aufmerksamkeit zurück zum Hier und Jetzt – wo, wie Sie herausfinden werden, Ihr wahres Selbst von Natur aus ist. Doch obwohl es ganz einfach ist, bitte ich Sie, die folgenden Tipps zu beachten, damit Sie aus diesem Buch wirklich so viel wie möglich für sich herausholen.

Tipp #1 – Unschuldig sein

Höchstwahrscheinlich haben Sie bereits andere Selbsthilfebücher gelesen, und das ist nicht Ihr erster Versuch, mehr inneren Frieden, Ruhe im Kopf und Glück zu erleben. Die meisten Menschen, die mit meinen Methoden arbeiten, haben sich bereits an anderen Ansätzen versucht und wurden enttäuscht. Doch egal, was in der Vergangenheit passierte: Sie müssen die Vergangenheit dort lassen, wo sie hingehört: in die Vergangenheit!

Ich möchte Sie darin bestärken, dem Prozess zu vertrauen, vorerst keine Urteile zu fällen und ihn mit so viel kindlicher Neugier und Unschuld anzugehen, wie Sie aufbringen können. Ihr Geist, Ihr Körper und das Universum reagieren am schnellsten, wenn Sie zielgerichtet und ohne Zögern etwas unternehmen. Lassen Sie den Zweifel außen vor, wenn Sie sich auf die in diesem Buch vorgestellten Methoden einlassen, und geben Sie Ihr Bestes, damit Ihnen Ihre Skepsis nicht den Erfolg zunichtemacht.

Tipp #2 – Bereit sein für den Wandel

Auch wenn für die meisten Menschen ihre sogenannte Komfortzone gar nicht so komfortabel ist, kann es doch zu einer vertrauten Gewohnheit werden, den ganzen Tag lang vor sich hin zu denken. Seien Sie ehrlich zu sich, wenn Sie folgende Fragen überdenken:

- *Sind Sie bereit, Ihre Grenzen zu überschreiten und sich auf womöglich nicht vertrautes Terrain zu begeben?*
- *Sind Sie bereit, Dinge anders zu machen?*
- *Sind Sie bereit, dem Prozess zu vertrauen, obwohl manches anfangs vielleicht unsinnig erscheint?*
- *Sind Sie bereit, alles Nötige zu tun, um voller Schwung neue, gesündere Gewohnheiten zu entwickeln?*

Ihre Antwort lautet »Ja«? Toll, dann lesen Sie das richtige Buch!

Tipp #3 – Nicht zu streng mit sich umgehen

Beim Lesen eines solchen Buches wird Ihnen vielleicht bewusst, wie Ihre Gedanken, Emotionen und Ihre Lebensweise sich negativ auf Ihre Gesundheit, Ihren Wohlstand und Ihr Glück auswirken. Doch dabei dürfen Sie eines auf keinen Fall vergessen: Auch wenn Sie tatsächlich für Ihren Geist, Ihre Emotionen und Ihr Leben verantwortlich sind, haben Sie sich das *nicht absichtlich angetan* und es ist *nicht Ihre Schuld*. Die letztendliche Ursache Ihrer Probleme war Ihre Gewohnheit, ständig zu denken, und Ihnen wurde nicht unbedingt beigebracht, wie Sie anders hätten leben können. Sich selbst Vorwürfe zu machen oder Schuldgefühle zu hegen, weil Sie früher so waren, unterstützt Ihre Heilung nicht – ganz im Gegenteil. Gehen Sie nicht gar zu streng mit sich um und nehmen Sie behutsam die möglichen Veränderungen vor.

Tipp #4 – Sich einlassen

Möchten Sie wirklich ein anderes Leben erfahren? Sind Sie bereit, so lange weiterzumachen, bis Sie die gewünschten Ergebnisse erzielen?

Menschen, die die Beziehung zu ihrem Geist verändert haben, haben das zur höchsten Priorität in ihrem Leben gemacht, und zwar so lange, wie es eben gedauert hat. Ich habe das nicht an einem Tag geschafft und praktiziere auch weiterhin die hier vorgestellten Techniken. Anstatt nach einer Wunderpille Ausschau zu halten, die wie durch Zauber alles in Ordnung bringt, möchte ich Sie ermuntern, das Beste aus dieser Reise zu machen, und zwar durch sanftes Dabeibleiben.

Tipp #5 – Das Buch zu Ende lesen!

Sie haben dieses Buch gekauft, um zu lernen, wie Sie weniger denken. Es kann Ihnen helfen, genau das zu erreichen, aber Sie müssen sich darauf einlassen, das komplette Buch zu lesen. Denken ist eine lebenslange Gewohnheit; es ist also eine gute Idee, sich intellektuell das Wissen anzueignen, mit dem Sie diese Gewohnheit verändern können. Auf halbem Weg aufzuhören hieße, Sie stehen ganz kurz davor, verpassen aber im letzten Moment um Haaresbreite, in den Genuss eines wunderbaren Lebens zu kommen.

Lesen Sie das Buch wirklich bis zum Ende durch und bekunden Sie Ihre Absicht, kontinuierlich und aktiv die darin vorgestellten Übungen zu machen. Ich möchte Sie den inneren Frieden entdecken lassen, der immer da ist.

Sind Sie bereit, eine neue Art der Beziehung zu Ihrem Geist aufzubauen? Können Sie Anweisungen befolgen und dabei die ganze Zeit aufgeschlossen und offen bleiben? Dann habe ich vollstes Vertrauen in Sie. In diesem Buch steckt uralte Weisheit, die ein bisschen »modernisiert« wurde; sie lässt Sie in den Genuss der grenzenlosen Vorteile und Wohltaten kommen, die dieses befreiende Abenteuer – das Loslassen von zu viel Denken – mit sich bringen kann.

»Wahrlich, ich sage euch,
wenn ihr nicht umkehrt
und werdet wie die Kinder,
so werdet ihr nicht
ins Himmelreich kommen.
Wer nun sich selbst erniedrigt
und wird wie dies Kind,
der ist der Größte
im Himmelreich.«

MATTHÄUS 18,3-4

KAPITEL EINS

Wissen aufgeben

GELERNTES VERLERNEN,
UM ZUR UNSCHULD
ZURÜCKZUFINDEN

Unschuld ist Glückseligkeit! Als ich meinen spirituellen Lehrer bat, mich anzuleiten, von allzu vielem Denken frei zu werden, stellte er mir voller Mitgefühl die wichtigste Frage, die ich jemals beantworten musste: *»Bist du bereit, alles loszulassen, was du zu wissen meinst, um frei zu sein?«* In diesem Moment half er mir, zu erkennen, dass all das Wissen, das ich aus unzähligen Büchern und in zahllosen Workshops angesammelt hatte, mir keinen Frieden gebracht hatte. Ganz im Gegenteil – in gewisser Weise war ich gestresster und verwirrter als je zuvor!

Bevor mir diese Frage gestellt wurde, war ich davon ausgegangen, dass die Sehnsucht meines Herzens nach Frieden gestillt würde, wenn ich *das verlorene Geheimnis* finden würde, welches mir irgendwie mein ganzes Leben lang entgangen war – ein paar erhellende Informationen, die, wenn ich sie nur lesen oder zu Ohren bekäme, wie durch Zauberhand allem einen Sinn verleihen und mich ins Nirwana befördern würden. Ich hatte überall danach gesucht, hatte uralte und moderne Schriften aus aller Welt gelesen, jedem klugen Menschen, der mir zuhörte, Löcher in den Bauch gefragt, gewartet in der Hoffnung, eines Tages würde das Teilchen, das mir in meinem Inneren-Frieden-Puzzle noch fehlte, endlich eingefügt. Doch dieses Aha-Erlebnis war mir immer versagt geblieben, und mein stiller Frust wuchs sich zu einem inneren Schmerz aus, den ich überall mit mir herumtrug.

Als ich nun alles aufgeben sollte, was ich, wie ich dachte, wusste, war ich reif für diese wunderbare Möglichkeit. Waren es wirklich all meine Vorstellungen darüber, wie man Frieden erlangen kann, die genau diesem Frieden im Hier und Jetzt im Wege standen?

Sollte das Loslassen von allem, was ich wusste, und damit die Rückkehr zur Unschuld mir tatsächlich zum direkten Erleben der friedvollen Befreiung verhelfen, worüber ich so lange versucht hatte, etwas zu lernen?

Wie die Kinder sein

Haben Sie schon einmal einem Baby in die Augen geschaut? Das ist wunderbar, nicht wahr? Und zwar unter anderem deshalb, weil Sie darin etwas erkennen – etwas, was auch Sie gekannt, aber vielleicht vergessen haben. Sie sehen reines Bewusstsein, das sich des gegenwärtigen Augenblicks gewahr ist. Der Geist des Babys ist leer; es hat keine Überzeugungen, und es verurteilt nicht. Es denkt sich nicht im Stillen: »Herrgott, sie sollte sich endlich den Haaransatz neu färben lassen!«, oder: »Oje, er hat schon wieder zugenommen.« Nein, nichts dergleichen. Es denkt nicht, sondern beobachtet einfach.

In aller Unschuld und mit null Erwartungen erlebt es einfach das, wessen es sich genau jetzt bewusst ist. Es steht in Verbindung mit unbegrenztem Gewahrsein, hält nichts fest und ist vollkommen offen für das, was als Nächstes geschieht. Und weil das Baby noch keine Überzeugungen darüber gelernt hat, wie das Leben aussehen *sollte,* kann es sich öffnen und die Fülle eines jeden Augenblicks voll und ganz erfahren.

Lernen, wieder unschuldig zu sein

Damit Sie das, was Ihnen hier angeboten wird, auch wirklich bekommen, müssen Sie über Ihren konditionierten Geist hinausblicken, indem Sie mir jetzt vollkommen unschuldig folgen. Lassen Sie all Ihre Meinungen, Vorstellungen und vergangenen Erfahrungen außen vor. In diesem vollkommen neuen Moment ist dafür kein Platz.

Erforschen Sie, wie es ist, nichts in diesen Moment mit hineinzunehmen. Beobachten Sie ganz unschuldig, was jetzt geschieht, als ob Sie nicht wüssten, was als Nächstes kommt. Denn in Wirklichkeit wissen Sie tatsächlich nicht, was nun passiert. Sie *denken* nur, Sie wüssten es. Und das Denken hält Sie davon ab, direkt zu erfahren, was *tatsächlich* geschieht. Das Denken fungiert als Schleier zwischen dem, was Sie denken zu sein, und den wahren Wundern dahingehend, was Sie und das Leben wirklich sind.

Etwas über den Frieden zu wissen und ihn tatsächlich zu erfahren ist ein himmelweiter Unterschied.

Spielen Sie damit, keine voreingenommenen Vorstellungen darüber zu haben, wie innerer Frieden und Ruhe im Kopf zu erreichen sind. Wissen *weiß Bescheid,* was Sie möchten, aber Sie steuern nun darauf zu, das Gewünschte *direkt zu erfahren.* Verstehen Sie den Unterschied? Möchten Sie etwas über Ihr Lieblingsessen *wissen* oder es lieber tatsächlich *kosten?* Möchten Sie etwas über den gegenwärtigen Moment *wissen* oder lieber präsent in der Gegenwart *sein?* Möchten Sie etwas über Frieden *wissen* oder lieber Frieden *erleben?*

Sie könnten eine ganze Bibliothek voller Bücher über den Frieden auswendig lernen und doch noch immer keinen *Frieden erfahren.* (Sie können mir glauben, ich habe das versucht!) Mit Wissen kommen Sie nur bis zu einem bestimmten Punkt. Danach müssen Sie immer bereit sein, das, was Sie *im Kopf zu wissen meinen,* loszulassen, um eine tatsächliche Erfahrung zu machen.

Auf eines können Sie sich verlassen: Nichts Vergangenes lohnt das Nachdenken darüber, und nichts Zukünftiges könnte besser sein als das, was Sie jetzt gerade erleben. Begleiten Sie mich jetzt, als ob Sie keine Ahnung hätten, wie Sie diesen Moment auf bessere Art erfahren könnten. Lassen Sie alle Erwartungen dahingehend los, wie etwas sein sollte. Geben Sie die Vorstellung auf, Sie wüssten, wie das Leben funktioniert. Befreien Sie sich von zukünftigen Erwartungen; Sie nehmen Ihrer Erfahrung des wunderbaren jetzigen Augenblicks dadurch nur seinen Glanz und seine Pracht.

Unschuld ist frisch, völlig offen, hält nichts fest und ist vollkommen leer. Wenn Sie voller Vorstellungen über das Leben sind, bleibt kein Raum mehr, die Wahrheit zu erfahren. Und die Wahrheit lautet: Das Himmelreich – was auch immer Sie persönlich darunter verstehen – ist in greifbarer Nähe. Sie kamen am Tag Ihrer Geburt hier an, und Sie wurden mit Frieden, Liebe und Freude geboren, wurden aber zu der Überzeugung gebracht, Sie müssten warten, bis sich etwas verändert, bevor Sie das erfahren können, was Ihnen von Geburt an bereits zusteht und was Sie in diesem Augenblick genießen könnten. Lassen Sie los, was Sie zu wissen meinen; damit können Sie die Vorstellungen des Geistes hinter sich lassen und die Wahrheit und den Frieden, die bereits da sind, direkt erfahren.

Denken Sie an das unschuldige Baby, dessen Geist leer ist von Urteilen, Überzeugungen und Erwartungen. Im Laufe der nächsten Tage werden auch Sie damit spielen und erforschen, wie es ist, wieder unschuldig zu sein.

Spiel #1
Mit völlig neuen Augen betrachten

Erforschen Sie, wie es ist, vollkommen frisch und unschuldig mit den Menschen in Ihrem Leben umzugehen. Betrachten Sie sie mit neuen Augen. Lassen Sie alle vorgefassten Vorstellungen über Ihren Partner oder Ihre Partnerin, Ihre Eltern, andere Familienmitglieder und Freunde, Kollegen und auch unbekannte Menschen los. Seien Sie einfach voll und ganz und mit hundertprozentiger Aufmerksamkeit bei ihnen, als wäre dies das erste und letzte Zusammensein. Versuchen Sie nicht, den gegenseitigen Austausch zu manipulieren, um etwas Bestimmtes zu erreichen. Öffnen Sie sich stattdessen für alles, was auf natürliche Weise geschehen will. Tun Sie so, als ob es keine Vergangenheit gäbe und Sie mit niemandem eine Geschichte hätten. Tun Sie so, als ob die Menschen in Ihrem Leben genau so, wie sie sind, perfekt wären. Sie wollen einfach nur glücklich sein, Frieden erfahren und wissen, dass sie geliebt werden. Ihre »Seelenaufgabe« besteht darin, ganz ohne Erwartungen mit anderen in Beziehung zu treten, offen für und neugierig auf das, was vielleicht passiert. Betrachten Sie die Welt mit neuen Augen und merken Sie, wie viel besser das Leben wird!

Spiel #2
Das Alltägliche mit Magie versehen

Spielen Sie damit, wie es ist, jede alltägliche Tätigkeit, die für Sie in den nächsten Tagen ansteht, vollkommen frisch und unschuldig anzugehen: Geschirr spülen, der tägliche Weg zur Arbeit, duschen, sich schminken, die Krawatte binden etc. Tun Sie so, als wären das Ihre liebsten Freizeitbeschäftigungen, und widmen Sie sich diesen Aktivitäten mit voller Aufmerksamkeit. So vergessen Sie spielend, wie langweilig etwas ist, wie schwierig eine bestimmte Person ist oder wie etwas auf ganz bestimmte Art und Weise ablaufen sollte. So lassen Sie die Vorstellung los, Sie wüssten, was dieses sogenannte Leben ist. Seien Sie unschuldig wie ein Kind, neugierig und offen für alles, was geschieht.

»Erst wenn das Denken
für dich seine Anziehungskraft verliert,
erkennst du,
wie unglaublich viel Energie
und Mühe es kostet.«

MKI

KAPITEL ZWEI

Das konventionelle Denken hinter sich lassen

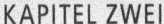

DIE BEZIEHUNG ZU DEN GEDANKEN VERÄNDERN

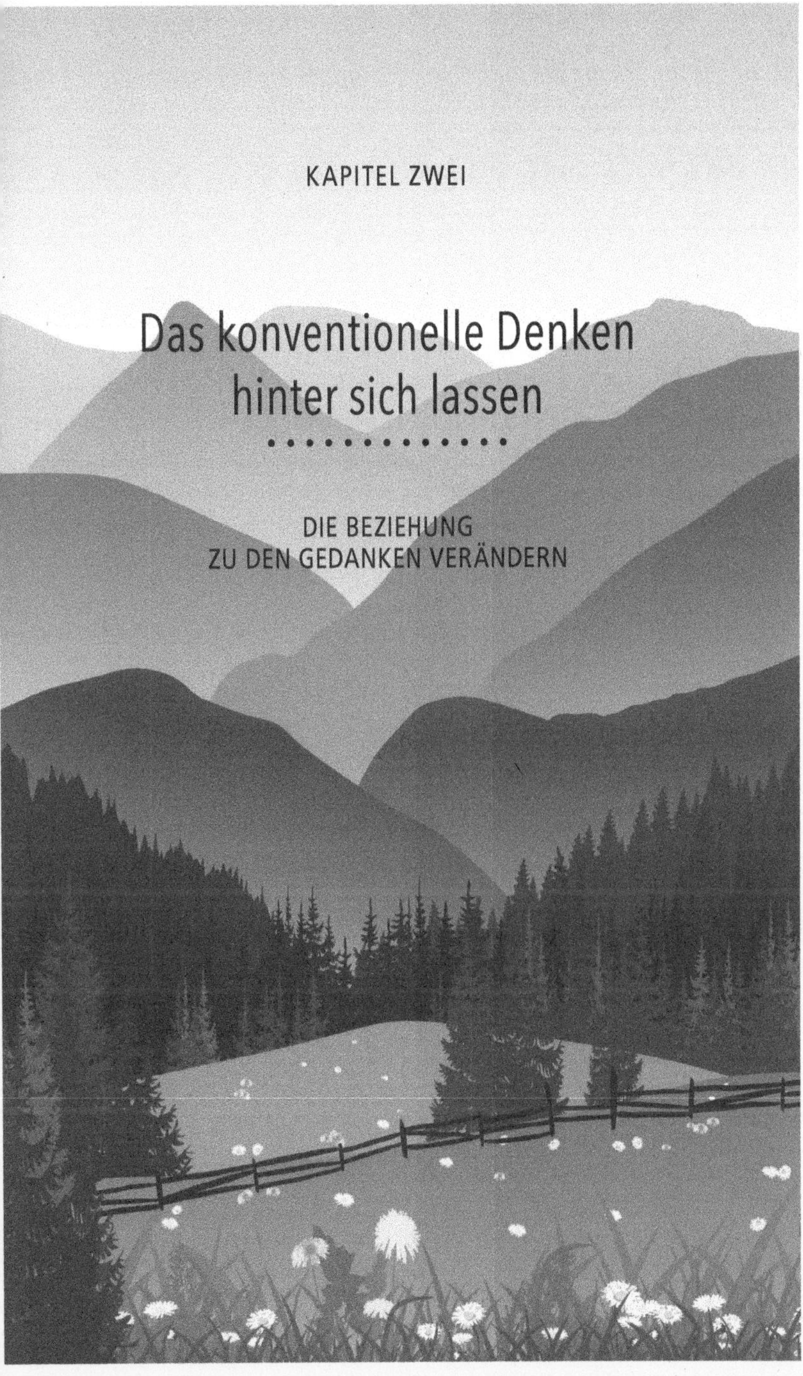

Frieden ist möglich, ohne den Geist zum Schweigen zu bringen. Wie viele Gedanken gehen Ihnen tagtäglich durch den Kopf? Angeblich im Durchschnitt 100.000 pro Tag bzw. ungefähr ein Gedanke pro Sekunde – eine unglaubliche Menge! Doch noch beunruhigender ist die Anzahl an negativen Gedanken, welche sich unter Umständen schädlich auf Körper, Stimmung und Leben auswirken.

Ich habe während unzähliger Stunden Meditation den Inhalt meines eigenen Geistes beobachtet und den Gedanken von Hunderten von Menschen beim Anwenden der *Mind-Detox*-Methode gelauscht, und ich glaube, man kann durchaus behaupten, dass bei normalen Menschen mindestens die Hälfte der Gedanken negativ ist. Klingt das für Sie annehmbar? Für mich war das so – bis mir klar wurde, dass 50 Prozent tagtäglich 50.000 negativen Gedanken entspricht! Damit wird der Versuch, nur noch positiv zu denken, zu einer Herkulesaufgabe.

Der Mythos vom positiven Denken

Ich glaube an die Vorteile einer positiven Einstellung und befürworte sie. Doch die schiere Menge an Gedanken macht jeglichen Versuch einer geistigen Veränderung, um nur noch »positiv« zu denken, zu einer fast unmöglich zu lösenden Aufgabe. Wenn Sie sich also mit allen Kräften bemüht haben, positiv zu denken, aber es Ihnen immer noch nicht gelingt: Seien Sie nicht zu streng mit sich. Die meisten Gedanken, die Ihnen durch den Kopf gehen, können Sie überhaupt nicht kontrollieren, und das macht ein solches Unterfangen nur noch schwieriger. Ist es also aussichtslos und vergebliche Liebesmühe? Keineswegs!

Wirklich eine sehr verlockende Lösung

Anstatt vergeblich zu versuchen, die Tausende an negativen Gedanken zu verändern, die Ihnen Tag für Tag durch den Kopf gehen, empfehle ich Ihnen, die *Beziehung* zu diesen Tausenden von Gedanken zu verändern, mit dem Ziel, ein beständiges Gefühl der Gelassenheit und des Erfolgs zu verspüren, ganz egal, welche Art von Gedanken Ihnen wann auch immer im Kopf herumschwirren.

Die Beziehung zu Ihrem Geist verändern

Die meisten Leute, die ich kenne, sind den lieben langen Tag damit beschäftigt, von einem Gedanken zum nächsten zu springen und unmittelbar darauf eine Achterbahn an Emotionen zu erleben. Ihr Stress ist zum großen Teil direkt darauf zurückzuführen, dass sie komplett auf den *Inhalt* ihres Geistes fokussiert sind anstatt auf den *Kontext,* in dem sich ihr Geist bewegt. Sie konzentrieren sich auf ihre Gedanken anstatt auf die weite, ruhige Stille, in der ihre Gedanken stattfinden.

Stellen Sie sich vor, Sie befinden sich an einem klaren, sonnigen Tag im Freien und schauen zum Himmel hinauf. Plötzlich fliegt ein Vogel in Ihr Gesichtsfeld. Ohne es überhaupt zu merken, lenken Sie Ihre Aufmerksamkeit weg vom weiten Himmel und verfolgen den Flug des Vogels.

Das Gleiche passiert tagtäglich mit Ihrem Gewahrsein. Gedanken sind etwas, dessen Sie sich bewusst sind. Gedanken sind Bewegungen des Geistes, finden jedoch immer im Kontext einer ruhigen, stillen, weiten Bewusstheit statt. Lernen Sie, mit Ihrer Aufmerksamkeit auf der Ruhe und Stille zu verweilen und nicht auf der beständigen Bewegung, dann können Sie einen Frieden erfahren, wie Sie ihn nie für möglich gehalten hätten.

Innerer Frieden und Ruhe im Kopf
trotz einer Million Gedanken

Solange Sie nicht Ihren Geist beherrschen, werden Sie von Ihrem Geist beherrscht. Und Sie durchlaufen ein Wechselbad der Gefühle, wie ein Jo-Jo, je nachdem, welche Art von Gedanken Ihnen durch den Kopf gehen. Produziert Ihr Geist glückliche Gedanken, sind Sie glücklich; wenn er traurige Gedanken hegt, sind Sie traurig. Gehen Ihnen Gedanken der Zuversicht durch den Kopf, dann lassen Sie sich nicht unterkriegen; werden Sie dagegen von angstvollen Gedanken überschwemmt, wollen Sie womöglich vor lauter Furcht davonrennen. Gedanken treten einfach auf; aber wenn Sie zu einhundert Prozent mit den Bewegungen Ihres Geistes beschäftigt sind, dann reagieren Sie wie eine Marionette, an deren Fäden gezogen wird. Doch die gute Nachricht lautet: Das muss nicht so sein.

Ihr Frieden muss nicht von der Qualität Ihrer Gedanken abhängen.

Durch eine geänderte Beziehung zu Ihrem Geist können Sie negative Gedanken haben, ohne dass das Ihrem Frieden im Geringsten schadet.

Stellen Sie sich nur vor: Ihr Geist muss Ihren Frieden nicht mehr beinträchtigen. Ganz im Gegenteil: Wenn Sie lernen und üben, selektiv Gedanken auszuwählen, die Sie denken möchten, können Sie Ihren Geist dazu nutzen, den Erfolg zu kreieren, den Sie sich wünschen – anstatt sich von Ihrem Geist auf negative Weise benutzen zu lassen.

So wird Ihr Geist wie ein Radio im Hintergrund: Sie können der Musik, die Ihnen gefällt, zuhören (sich auf nützliche Gedanken einlassen) und die schlechten Nachrichten ausblenden (die Gedanken, die in eine Abwärtsspirale führen und Stress, Leid und Getrenntsein verursachen). So sind Sie den ganzen Tag frei und verweilen im Frieden.

Und es gibt sogar eine noch bessere Nachricht: Sie besitzen bereits eine wichtige Fähigkeit, die dazu nötig ist.

Sicherlich kennen Sie das: Sie sind mit einer Freundin oder einem Freund in einer belebten Bar oder einem vollen Restaurant; trotz des hohen Lärmpegels schaffen Sie es, sich auf die Stimme Ihrer Freundin zu konzentrieren und die Stimmen der Leute direkt um Sie herum auszublenden. (Vielleicht haben die Unbekannten am Nebentisch aber auch ein interessanteres Gespräch als Sie mit Ihrem Freund geführt, und Sie haben irgendwann ihnen statt Ihrem Freund zugehört?!) In beiden Fällen haben Sie Ihre Aufmerksamkeit in die gewünschte Richtung bzw. auf die gewünschte Person gelenkt. Genau diese Fähigkeit brauchen Sie, um trotz der vielen Gedanken Ruhe im Kopf und inneren Frieden zu genießen.

Um inneren Frieden zu finden, geht es letztendlich darum, wie Sie mit Ihrem Geist in Beziehung treten. Sobald Sie sich Ihres – wie ich es hier nenne – *wahren Selbst* bewusst werden, dieses ruhigen, bewussten Gewahrseins, welches im Stillen alles, was gerade geschieht, bewusst wahrnimmt, und ihm Ihre Aufmerksamkeit schenken, gibt es, wie Sie feststellen werden, auf der Stelle tieferen Frieden als noch einen Augenblick zuvor. Und was noch wichtiger ist: Dann haben Sie die Kraft, Ihr Leben inmitten reiner, tiefer und grenzenloser Liebe in einem Zustand reinen Friedens, unendlicher Glückseligkeit und beständiger Zufriedenheit zu führen. Hört sich das nicht gut an?

Lassen Sie uns nun anfangen, Ihre Beziehung zu Ihren Gedanken zu verändern.

Sie sind nicht Ihre Gedanken

Innerer Frieden und Ruhe im Kopf sind auch während des Denkens möglich, denn Sie sind nicht Ihre Gedanken. Wie schon erwähnt, gehen tagtäglich Tausende von Gedanken in Ihrem

Gewahrsein ein und aus; sie kommen und gehen ständig, wie Gedanken das eben so machen. Gedanken tauchen immer nur für einen Moment auf und verschwinden wieder, nur um von einem anderen Gedanken ersetzt zu werden und dann von dem nächsten.

Sie existieren, auch wenn Sie keine Gedanken hegen.

Doch trotz der unzähligen tagtäglichen Gedanken, die kommen und gehen, ist ein Aspekt von Ihnen immer da, ein Aspekt, der beständig und dauerhaft ist: Ihr wahres Selbst. Es ist immer präsent, egal, welche oder wie viele Gedanken vorüberziehen. Das ist eine unbestreitbare Tatsache, die eine sehr wichtige Wahrheit impliziert: Sie *haben* Gedanken, aber Sie *sind* nicht Ihre Gedanken.

WIR WOLLEN EIN SPIEL SPIELEN

Gedanken zählen

Aber das müssen Sie mir nicht einfach so glauben. Hören Sie auf mit dem Lesen, schließen Sie die Augen, beobachten Sie Ihren Geist und achten Sie ganz ruhig auf den Strom Ihrer Gedanken im Kopf. Und immer dann, wenn Sie sich eines Gedankens bewusst werden – zum Beispiel über jenes Thema, etwas, das Sie nachher noch erledigen müssen, oder sonst etwas –, teilen Sie diesem Gedanken eine Zahl zu: eins, zwei, drei etc.

Sich eines Geräusches bewusst werden ist ein Gedanke. Sich einer körperlichen Empfindung bewusst werden ist ein Gedanke. Selbst die Stimme in Ihrem Kopf, die sagt, Sie würden gerade überhaupt nicht denken, ist ein Gedanke! All diese Gedanken zählen Sie. Wie viele Gedanken kommen da in den nächsten zwei Minuten zusammen?

Hören Sie auf zu lesen und machen Sie das jetzt

Sind Sie damit fertig? Wie viele Gedanken haben Sie gezählt? Zwei, zweiundzwanzig, zweihundertundzwei? Es ist eigentlich egal, wie viele es sind. Wichtig ist nur, dass Sie überhaupt einen Gedanken zählen konnten. Warum? Weil das zeigt, dass Sie nicht Ihre Gedanken *sein* können, sondern jenes sind, was sich *Ihrer Gedanken bewusst* ist. Ein Gedanke ist ein Objekt, und Sie sind der Beobachter dieses Objekts. Der eine ist beständig, das andere verändert sich beständig. Gedanken kommen und gehen, *Sie* aber nicht.

Sie sind das, was sich Ihrer Gedanken bewusst ist, aber Sie sind nicht Ihre Gedanken! Was für eine Erleichterung!

TOP-TIPP – Nachdenken versus direkte Erfahrung

Über dieses Spiel nachzudenken ist etwas völlig anderes, als es wirklich zu spielen, jetzt. Wenn Sie es jetzt gleich machen, dann wird es auch bei Ihnen funktionieren – so wie für hundert Prozent aller Menschen, bei denen ich es angewandt habe. Doch wenn Sie darüber nachdenken, es zu spielen, werden Sie im Kopf landen, einen Schritt von der direkten Erfahrung dessen entfernt, was ich Ihnen gerade zeige.

Das Gleiche gilt für alles andere, von dem in diesem Buch die Rede ist. Ganz unbeabsichtigt in den Kopf zu schlüpfen und das Gesagte zu bewerten und zu beurteilen, anstatt die Grenzen des Geistes zu überschreiten und das, wovon ich hier rede, direkt zu erfahren, geschieht ganz leicht. Falls eines der Spiele bei Ihnen also nicht funktioniert, prüfen Sie bitte, ob Sie im betreffenden Moment das Spiel auch wirklich durchführen oder ob Sie nur darüber nachdenken, es zu spielen. Zwischen *Denken* und *Erfahren* besteht ein riesiger Unterschied, und Ihr Frieden hängt davon ab, dass Sie den Unterschied kennen.

Überlassen Sie die Macht nicht mehr Ihren Gedanken

Kein Gedanke hat von Natur aus die Macht, sich negativ auf Ihre Stimmung oder Ihren Erfolg im Leben auszuwirken. Erst wenn Sie sich mit Ihren Gedanken durch den unbewussten Akt des Denkens identifizieren, überlassen Sie ihnen die Macht.

Damit Sie das verstehen, will ich Ihnen eine erstaunliche Analogie vorstellen, die mir mein spiritueller Lehrer beibrachte.

Stellen Sie sich einmal Folgendes vor: Sie befinden sich mit Ihrem besten Freund oder Ihrer besten Freundin an einem schönen sonnigen Tag draußen und sitzen an einer belebten Straße. Ihnen wurde die einfache Aufgabe gestellt, alle vorbeifahrenden roten Autos zu zählen. Sie sitzen also entspannt am Straßenrand, ein paar Autos kommen vorbei: ein blaues, ein schwarzes und dann ein rotes, welches Sie zählen. Die Zeit vergeht, und noch ein paar Autos sind vorbeigefahren. Sie sitzen nach wie vor sicher am Straßenrand, fühlen sich ganz gelassen und glücklich und genießen die Szene.

Beim nächsten roten Auto, das vorbeifährt, springt Ihre Freundin auf, rennt hinter dem Auto her, vollführt einen spektakulären Sprung, ergreift die hintere Stoßstange und wird auf der Straße entlanggeschleift. Ihnen ist völlig klar, dass sie Verletzungen davontragen wird, und Sie wundern sich, warum sie sich an der Stoßstange festhält. Also rufen Sie Ihrer Freundin zu: »Lass los!« Doch die Freundin ruft zurück, das rote Auto tue ihr weh. Sie rufen wieder: »Das Auto tut dir doch nicht weh; du tust dir selbst weh, weil du dich daran festhältst. Lass los! Lass doch los!«

Dasselbe gilt für Ihre Gedanken. Gedanken haben nicht die Macht, Sie zu verletzen oder Sie an einem erfolgreichen Leben zu hindern. Was verletzt und einschränkt, ist das Festhalten an diesen Gedanken durch den Akt des Denkens. In dem Maße, wie Sie lernen, die Beziehung zu Ihrem Geist zu verändern, können Sie auch lernen, Ihre Gedanken loszulassen, und damit verlieren sie ihre Macht und können sich nicht mehr negativ auf Ihr Leben auswirken, und zwar für immer.

In Ihrem Kopf ist eine Stimme, die wie Sie klingt. Sie kommentiert alles, was passiert, hat Einfluss auf Ihre Gefühle und redet sogar über die Gedanken, die Ihnen im Kopf herumgehen. Wenn Sie erst einmal gelernt haben, eher neutral mit Ihrem Geist in Beziehung zu treten, werden Sie viel besser verstehen, dass es eigentlich weniger die Gedanken sind, die Stress verursachen, sondern vielmehr die mentalen Kommentare über Ihre Gedanken.

Gedanken sind neutral. Es ist der Kommentator im Kopf, der sie als positiv oder negativ beurteilt. Wenn Sie also damit beginnen, weniger zu denken, müssen Sie dafür sorgen, dass auch die Stimme in Ihrem Kopf weniger Kontrolle über Sie hat. Sie ist wie alles andere ein Gedanke, und wenn Sie es schaffen, die Stimme zu *erkennen* und nicht die Stimme zu *sein*, werden in Ihrem Leben mehr Ruhe und Gelassenheit einkehren.

Sind wir uns darüber einig?

Sie verfügen über einen dauerhaften Aspekt Ihrer selbst, aber auch über vorübergehende Gedanken. In diesem Kapitel wurde Ihnen die Möglichkeit vorgestellt, die Beziehung zu Ihrem Geist zu verändern, damit Sie Gedanken haben können, ohne dass sie Ihren Frieden und Ihren Wohlstand beeinträchtigen. Das ist möglich, weil, wie gesagt, Sie nicht Ihre Gedanken sind, sondern das, was sich dieser Gedanken bewusst ist – und diese Bewusstheit geht über den Geist hinaus und verweilt bereits in ruhiger Gelassenheit.

Dem Himmel ist es egal, wie viele Vögel ihn durchfliegen. Ebenso wenig interessiert es ihn, ob es nun weiße Tauben oder schwarze Amseln sind. Das Gleiche gilt für Ihr bewusstes Gewahrsein.

Durch bewusstes Gewahrsein erleben Sie, wie Ihre Bewusst-heit ist, nämlich – wie Sie wohl schon geahnt haben – *friedvoll.* Wenn Sie lernen, wie Sie den größten Teil Ihrer Aufmerksam-keit auf Ihr bewusstes Gewahrsein lenken, anstatt sich aus-schließlich auf das zu fokussieren, dessen Sie sich bewusst sind, werden Ihnen viel Ruhe, Gelassenheit und Erfolg zuteil. Durch den veränderten Fokus Ihrer Aufmerksamkeit verbinden Sie sich wieder mit dem Aspekt Ihres wahren Selbst, welches dauerhaft friedvoll ist.

»Der Grund für deine Verärgerung
ist nie das,
was dein Kopf dir sagt.«

MKI

KAPITEL DREI

Frei von schlechten Gefühlen

· · · · · · · · · · · · · ·

**DIE BEZIEHUNG
ZU IHREN EMOTIONEN
VERÄNDERN**

Frieden ist möglich, auch ohne die Emotionen aufzugeben. Emotionen kommen und gehen, Ihr wahres Selbst aber nicht. Im Laufe der letzten paar Stunden haben Sie wahrscheinlich alle möglichen Emotionen durchlebt. Ähnlich wie Gedanken treten Emotionen immer nur eine Weile auf, verziehen sich wieder und werden von anderen Emotionen ersetzt. Ich gebe zu, manche Emotionen fühlen sich angenehmer an als andere; wichtiger ist im Zusammenhang mit mehr Gelassenheit und Erfolg jedoch die Erkenntnis, dass Emotionen vorübergehend sind. Ein Aspekt Ihrer selbst dagegen existiert dauerhaft, Tag für Tag. Ja, Sie haben Emotionen, aber Sie sind nicht Ihre Emotionen. Also können Sie die Beziehung zu Ihren Emotionen so verändern, dass Sie mit Ihren Gefühlen im Frieden sind.

> »Bevor ich erleuchtet wurde,
> war ich depressiv.
> Nachdem ich erleuchtet wurde,
> war ich immer noch depressiv;
> aber es machte mir nichts mehr aus.«
>
> ANTHONY DE MELLO [1]

Emotionale Befreiung

Emotionen werden nur dann zum Problem, wenn Sie durch Nachdenken Widerstände dagegen aufbauen. Oft führen solche Gedanken dazu, dass Sie sie mit dem Verstand analysieren, während der Geist herauszubekommen versucht, warum sie auftreten und wie Sie sie wieder loswerden können. Doch in Wahrheit müssen Ihre Emotionen nicht verschwinden, um mehr Frieden erfahren zu können.

Frieden ist nicht die Abwesenheit von Emotionen.

Die Betrachtung von Emotionen aus einer eher neutralen Perspektive heraus führt zu großer Freiheit. Der Trick besteht darin, zu lernen, mit dem, was Sie fühlen, im Frieden zu sein. Und die gute Nachricht lautet: Frieden ist Ihnen angeboren. Anstatt also jahrelang zu versuchen, Ihre Emotionen eine nach der anderen zu korrigieren, zu verändern und zu verbessern, um dann endlich Frieden zu genießen, können Sie sich sogleich mit Ihrem inneren Frieden verbinden. Wow!

Und es kommt sogar noch besser: Durch eine positivere Beziehung zu Ihren Emotionen können alle Gefühle zu einer herrlichen, belebenden Erfahrung werden.

Machen Sie damit Schluss, auf den Frieden hinzuarbeiten, und gehen Sie stattdessen den Weg des Friedens.

Frei fließende Emotionen

E-Motionen sind eigentlich »Energie in Bewegung« im Körper-Geist, die ungehindert fließen sollten, ganz ähnlich wie das Wetter. Sie können aber feststecken. Emotionen, denen der Geist das Etikett »negativ« verpasst, beispielsweise Wut, Trauer, Angst, Schuld, Kummer, sind von diesem »Stau« am stärksten betroffen, denn fast alle Menschen sind darauf konditioniert, ihnen Widerstand entgegenzusetzen. Meinen Beobachtungen zufolge können solche festgefahrenen Emotionen mit der Zeit dem Körper Schaden zufügen.

Durch eine veränderte Beziehung zu Ihren Emotionen senken Sie die Stressbelastung für den Körper-Geist und haben mehr Energie.

Zwei Fragen, die zu einem Emotionsstau führen

Sooft Sie Emotionen verspüren, stellt der Geist ganz schnell und automatisch zwei Fragen: *Was fühle ich?* Und: *Warum fühle ich mich so?* Diese Fragen nehmen Sie vielleicht gar nicht bewusst wahr, aber eines können Sie mir glauben: Immer wenn Sie mit Ihren Emotionen zu kämpfen haben, werden genau diese beiden Fragen gestellt. Ihr Kopf verpasst der durch Gefühle erzeugten Energie Etiketten und erzählt Geschichten, die erklären sollen, warum diese Gefühle auftreten. So verlangsamen diese beiden Fragen den natürlichen Fluss der Emotionen.

Es gibt keine negativen oder positiven Emotionen

Dualität ist eine im Kopf erzeugte Illusion – oder anders ausgedrückt: Es gibt keine positiven oder negativen Emotionen, sondern nur Energie. Der Geist klebt den verschiedenen energetischen Erfahrungen einfach das Etikett »gut« oder »schlecht« auf, beispielsweise »Glück«, »Trauer«, »Angst«, »Aufregung« und viele weitere, und darauf aufbauend schätzt er sie dann als positiv oder negativ, richtig oder falsch ein, steckt sie sozusagen in »Schubladen«.

Erachtet der Geist die Energie als negativ, wird dem Gefühl oft Widerstand entgegengesetzt. Doch wie der bekannte Spruch heißt: »Das, wogegen Widerstand geleistet wird, bleibt bestehen.« Durch Widerstand steht genau das Gefühl im Fokus, welches der Geist nicht will; und diese Aufmerksamkeit kann erst recht dazu führen, dass die Emotion länger als nötig anhält.

Wir wollen das anhand der nachstehenden »Schubladen« einmal näher betrachten:

Wut	Traurigkeit	Furcht
Angst	Schuld	Panik

Das sind gebräuchliche »Etiketten« bzw. Bezeichnungen für diverse emotionale Erfahrungen. Wichtig dabei ist allerdings die Erkenntnis, dass all diese Bezeichnungen etwas Angelerntes sind. Traten bei Ihnen in Ihrer Kindheit Emotionen auf, wurde Ihnen von anderen gesagt, was Sie fühlten, beispielsweise: »Sei doch nicht traurig.« Und mit der Zeit lernte das Kind Folgendes: erstens, diese Energie heißt »Traurigkeit«; und zweitens, eigentlich sollte sie nicht auftreten. Im Laufe der Jahre werden also jede Menge Bezeichnungen für die im Körper-Geist auftretenden Energien gelernt, und sie werden als positiv oder negativ eingeordnet.

Aber wer sagt eigentlich, es gäbe mehrere, verschiedene Energien? Was, wenn diese innere Energie immer ein und dieselbe wäre?

> **Eine einzige Energie**

Auf- und abebbende energetische Intensität
Entfernt man diese Schubladen im Kopf, die Emotionen unterteilen und spalten, dann bleibt eine einzige Energie übrig. Letztendlich gibt es im Körper-Geist nur diese eine Energie; die scheinbar auftretenden unterschiedlichen Emotionen sind auf das Auf- und Abschwellen, die Schwankungen dieser einen Energie zurückzuführen. Geringe Intensität wird oft als Traurigkeit bezeichnet, hohe Intensität wird als Furcht, Angst oder Aufregung gekennzeichnet.

Gelingt es Ihnen, diese einzelnen Etiketten für Emotionen aufzugeben und sie stattdessen als eine einzige Energie mit schwankender Intensität zu verstehen, können Sie mehr Frieden genießen, egal, was Sie gerade fühlen.

Wie man sagt, gibt es nur die Liebe. Und wenn nun all Ihre Gefühle einfach unterschiedliche Duftnoten der Liebe wären? Würden Sie dieser Energie widerstehen oder sie einfach sein lassen?

Der Geschichte Glauben zu schenken, führt zu Leiden

Meiner Meinung nach wirkt sich vor allem die zweite Frage zu den Gefühlen am stärksten auf das emotionale Wohlbefinden aus und trägt entscheidend dazu bei, ob Sie Ihren Alltag mit Gelassenheit und Ruhe oder im Stress verbringen.

Ihr Geist verfügt über die erstaunliche Fähigkeit, eine logische Antwort auf die Frage *Warum fühle ich diese Emotion?* zu liefern. Er wird Ihnen sagen, Sie fühlen sich so wegen Ihrer Beziehung, Ihrer Finanzen, Ihrer beruflichen Belastung etc. Können Sie damit etwas anfangen?

Doch obwohl die Geschichte, warum Sie diese Emotion verspüren, ganz logisch oder wahr erscheint, müssen Sie sich darüber klar werden, was passiert, wenn Sie auch weiterhin glauben, Ihre Lebensumstände wären die Ursache dieser Emotion. In der Geschichte im Kopf ist die Emotion meist das Resultat eines äußeren Geschehens oder äußerer Umstände, und das setzt normalerweise etwas voraus, das mit Ihrer Vergangenheit oder Zukunft, Ihrem Körper, Ihren Beziehungen, Ihren Finanzen, Ihrer Arbeit oder mit sonst etwas zu tun hat, das erst einmal »korrigiert« bzw. in Ordnung gebracht oder verbessert werden muss, bevor Sie die Emotion loslassen und Frieden finden können. Eine solche Veränderung im Außen dauert unter Umständen Stunden, Tage oder sogar Jahre, und damit schieben Sie Ihren Frieden unnötig auf die lange Bank.

In Wirklichkeit können Sie Ihre Emotionen einfach fließen lassen und viel früher loslassen, als Sie vielleicht denken.

Wie fühlen Sie sich?

Damit Sie diese einfache Frage beantworten können, müssen Sie jede beliebige, derzeit im Körper auftretende Emotion beobachten. Die Emotion wird zum Objekt und Sie zum Beobachter dieses Objekts bzw. der Emotion, und durch das Beobachten schaffen Sie auf natürliche Weise etwas Abstand zwischen sich und der Emotion. Aus dieser Perspektive können Sie dann nach und nach durch eigenes Erfahren erkennen, dass Sie nicht Ihre Emotionen sind. Oh ja, Sie haben Emotionen, aber Ihr beständiges Ich ist nicht emotional.

Erforschen Sie Ihre Beziehung zu Ihren Emotionen; dadurch kommen Sie der Freiheit, die das Loslassen aufwühlender Emotionen mit sich bringt, schon sehr nahe. Egal, welche Emotionen auftauchen – Sie können sie einfach kommen und gehen lassen und erleben dabei nur sehr wenig Stress oder Unbehagen, wenn Sie daran denken, sie zu beobachten, anstatt diese Emotionen zu sein. In Wirklichkeit bleibt Ihr wahres Selbst von zeitweilig auftretenden Emotionen unberührt. Der dauerhafte Aspekt Ihres Ichs war nie glücklich oder traurig, ängstlich oder von Schuldgefühlen beladen. Bewusstes Gewahrsein ist dauerhaft friedvoll und außerhalb der Reichweite der Emotionen. Das wollen wir nun mit einem Spiel erforschen ...

SPIEL

Emotionen beobachten

Dieses Spiel können Sie immer dann spielen, wenn Sie eine Emotion verspüren, die Sie lieber nicht erleben möchten. Es ist sehr wirkungsvoll und hilft Ihnen, Emotionen schnell aufzulösen, sodass Sie sich besser Ihrer Beziehung zum Frieden widmen können.

Schritt #1 – Die Emotion benennen

Achten Sie darauf, was Sie gerade fühlen. Sind Sie glücklich, traurig, wütend, ängstlich oder was sonst? Lassen Sie sich einfach darauf ein und bemerken Sie, welche Emotion Sie momentan fühlen.

Schritt #2 – Die Emotion lokalisieren

Lokalisieren Sie die Emotion im Körper. Wo sitzt sie hauptsächlich? Im Magen, im Solarplexus, im Herzen, in der Brust oder sonst wo im Körper? Lokalisieren Sie sie jetzt.

Schritt #3 – Der Emotion eine Farbe geben

Wenn Sie die Emotion lokalisiert haben, geben Sie Ihr eine beliebige Farbe: Rot, grün, lila, schwarz, blau – es ist wirklich egal. Nehmen Sie die Farbe, die Ihnen als Erstes in den Sinn kommt. Geben Sie der Emotion jetzt eine Farbe.

Schritt #4 – Die Emotion beobachten

Sie haben die Emotion nun benannt, lokalisiert und ihr eine Farbe gegeben; jetzt beobachten Sie die Emotion einfach, wie sie da ist. Stellen Sie sich dabei vor, Sie könnten mit Ihren Augen nach vorne und nach hinten blicken. Schauen Sie nach hinten, nach unten und nach innen, um die farbige Emotion dort zu beobachten, wo sie im Körper sitzt. Beobachten Sie sie einfach und vergessen Sie dabei nicht, tief und gleichmäßig zu atmen. Beobachten Sie die Emotion immer weiter und achten Sie darauf, was mit ihr passiert. Bei mir verschwindet die Emotion immer schon nach ein paar Sekunden dieser Art des Beobachtens. Wie Wasser auf einer heißen Herdplatte oder die Wolkendecke, die von der Sonne durchbrochen wird, verflüchtigt sie sich und verschwindet einfach.

Was geschieht beim Beobachten von Emotionen?

Durch dieses Beobachten Ihrer Emotionen schaffen Sie auf der Stelle Abstand zwischen diesen Emotionen und dem permanenten Aspekt Ihres Selbst; dadurch haben die Emotionen die Möglichkeit, zu fließen, zu kommen und zu gehen – was sie ja von Natur aus wollen. Außerdem werden Sie durch das Beobachten Ihrer Emotionen bewusst, und dann erleben Sie, wie Ihr bewusstes Gewahrsein, außerhalb der Reichweite der Emotionen, wirklich ist. Es ist von Natur aus reiner Frieden, ganz egal, welche vorübergehenden Emotionen im Körper gerade auftreten. Sie sind sich Ihres wahren Selbst mehr bewusst als Ihrer zeitweiligen Emotionen und können so den Frieden erfahren, der immer da ist. Wunderbar, nicht wahr?

Mit dieser einfachen Übung können Sie die Angst vor Ihren Gefühlen verringern und Ihren Emotionen sozusagen das Ruder aus der Hand nehmen; stattdessen genießen Sie emotionale Freiheit.

Spielen Sie mindestens eine Woche lang dieses Spiel und beobachten Sie Ihre Emotionen. Sobald Emotionen hochkommen, egal, ob positive oder negative, halten Sie für ein paar Augenblicke inne und durchlaufen die Schritte des Spiels: die Emotion benennen, lokalisieren, ihr eine Farbe geben und sie beobachten. Achten Sie darauf, was passiert. Und vergessen Sie nicht: Es sind zwei völlig verschiedene Dinge, über das Beobachten nachzudenken, und wirklich zu beobachten.

Wenn sich die Emotionen nicht zu verändern scheinen, dann haben Sie sich wahrscheinlich mit den Emotionen identifiziert, anstatt sie zu beobachten. Machen Sie diese Übung immer, wenn Sie daran denken; dadurch entdecken Sie mit der Zeit, dass Sie nicht Ihre Emotionen sind – ein großer Schritt hin zu einer besseren Beziehung zu Ihren Emotionen. Und je mehr Sie dieses Spiel üben, desto mehr profitieren Sie letztendlich davon. Also los geht's, fangen Sie an!

Sich die Energie der Emotionen zunutze machen

Freundschaft mit den Gefühlen zu schließen, fördert die physische Gesundheit und den Erfolg im Leben. Ich meine sogar, dass viele der Gefühle, die Sie tagtäglich verspüren, eigentlich da sind, um Ihnen zu helfen. Wie erwähnt, sind E-Motionen einfach innere »Energie in Bewegung«, und je mehr Energie Sie haben, desto besser sind Sie logischerweise auf energetischer Ebene fähig, sich selbst zu heilen und neue Erfolgserlebnisse zu kreieren.

Anstatt zu versuchen, Ihre Emotionen loszuwerden, kann es sehr produktiv sein, sich die ihnen innewohnende Kraft zunutze zu machen. Wenn der Körper beispielsweise heilen muss und dazu sozusagen Wartungs- und Reparaturarbeiten einleitet, hebt er zur Förderung des Heilungsprozesses oft den Energiepegel an. Der Körper braucht in diesem Fall zusätzliche Energie, um das physische Problem zu beheben. Doch wenn Sie versuchen, dieser Energie Widerstand entgegenzusetzen und sie zu unterdrücken, behindern Sie womöglich unbeabsichtigt den Heilungsprozess.

Oder anders ausgedrückt: Ihr derzeitiger Energiepegel liegt beispielsweise bei 5/10, doch zum Heilen braucht Ihr Körper 8/10. Wenn Sie ein Gefühl bemerken und es dann unterdrücken, erschweren Sie dem Körper vielleicht versehentlich seine Heilarbeit. Lassen Sie dagegen die Energie innerlich präsent sein, heilen Sie unter Umständen schneller. Ich persönlich habe die Erfahrung gemacht, dass ich schneller gesunde, seit ich meine Emotionen bereitwilliger zulasse.

Das Gleiche gilt, wenn Sie anderweitig im Leben eine positive Veränderung bewirken möchten. Alles, was Sie im Leben erschaffen möchten, besteht aus Energie. Um dem Universum auf halbem Wege entgegenzukommen, erhöht der Körper von Natur aus sein Energieniveau, damit er sich dem gewünschten äußeren Erfolg anpasst.

Erfordert Ihr derzeitiges Einkommen beispielsweise ein Energieniveau von 3/10, aber Sie möchten gerne mehr Geld verdienen, dann sind die Gedanken, die Sie sich dahingehend machen, unter Umständen mit Emotionen verbunden. Nur allzu oft verpasst der Kopf dieser Emotion ein falsches Etikett, zum Beispiel »Angst«, und womöglich leisten Sie der Energie, die Sie benötigen, um das Gewünschte zu kreieren, Widerstand. Deshalb ist es auch in diesem Fall sehr sinnvoll und nützlich, den Emotionen nicht so viel Widerstand entgegenzusetzen, damit sie Ihnen helfen können, und sie stattdessen zu kanalisieren und dorthin zu lenken, wo sie zu den gewünschten Resultaten beitragen können. Damit befreien Sie sich nicht nur von schlechten Gefühlen, sondern können Ihre Emotionen auch als sehr mächtiges und leistungsstarkes Werkzeug zur Manifestation nutzen.

Spielen Sie doch einmal folgendes …

… SPIEL

Power-Atmung

Atmung ist eine einfache und effektive Möglichkeit, die Kraft Ihrer Emotionen für sich zu nutzen. Viele Leute halten unbewusst die Luft an, wenn sie bestimmte Emotionen nicht spüren möchten; dadurch verspannt sich das Zwerchfell, und die Energie kann nicht mehr so leicht zirkulieren.

Atmen Sie stattdessen tief durch die Nase ein, sodass sich der Bauchraum ausdehnt; dann atmen Sie durch den Mund wieder aus und erzeugen dabei mit dem Atem einen sanften »Ha«-Klang. Wie Sie bemerken werden, wird sich mit der freigesetzten Energie auch Ihre Vitalität erhöhen.

Diese Power-Atmung kann unglaublich stark mit Energie aufladen und Hochgefühle erzeugen; und wenn Sie Ihren Energiepegel erhöhen, um sich damit der Energie äußerer Probleme oder auch Chancen im Leben anzugleichen, schreiten Sie mutig und entschlossen voran.

ZUSAMMENFASSUNG

In der Kraft des wahren Selbst ruhen

Letztendlich sind Sie immer nur dann beunruhigt oder aufgeregt, wenn Sie die Verbindung zu Ihrem wahren Selbst verloren haben – Ihrem ruhigen, stillen, bewussten Gewahrsein. Damit meine ich, Sie haben sich in Gedanken verloren und sind sich der Präsenz Ihres Bewusstseins nicht mehr gewahr.

Lassen Sie Ihre Emotionen innerlich präsent sein, beobachten Sie sie und lassen Sie sie mit dem Atem fließen, dann werden Sie feststellen, dass Ihnen die Gefühle, die Ihr Kopf als negativ bezeichnet hat, in Wirklichkeit sehr viel Kraft und innere Stärke verleihen, die Sie benötigen, um Ihr Ziel zu verfolgen und zu erreichen.

Gefühle, die Ihr Kopf vielleicht früher für Furcht hielt, könnten Ihre Freunde werden.

Genießen Sie die Vorteile, die die Freundschaft mit Ihren Gefühlen mit sich bringt. Dadurch verlieren die äußeren Lebensumstände die Macht, sich negativ auf Sie auszuwirken. Nicht weil Sie die Realität verleugnen oder ignorieren, sondern weil Sie sich mit Ihrem bewussten Gewahrsein verbinden, welches über den oberflächlichen Anschein der Realität hinausgeht.

Ruhen Sie in diesem Ihnen innewohnenden Frieden, dann wird Ihr Leben frei. Sie genießen ein Gefühl der Gelassenheit und Ruhe, ganz egal, wie Sie sich gerade fühlen. Aus dieser präsenteren und friedvolleren Verfassung heraus kann Ihr Körper leichter heilen, und Sie sind frei, Ihre Wünsche mit Leidenschaft zu verfolgen – eine echte Win-win-Situation.

»Drei Dinge
bleiben nicht lange verborgen:
die Sonne, der Mond
und die Wahrheit.«

BUDDHA

KAPITEL VIER

Die Geschichte
näher beleuchten

· · · · · · · · · · · · ·

WARUM IHRE VERGANGENHEIT ODER ZUKUNFT
NICHT IHREN FRIEDEN
BEEINTRÄCHTIGEN MUSS

Einer der Hauptgründe, weshalb Menschen so viel denken, ist ihre Überzeugung, die Geschichte in ihrem Kopf sei real. Aber das stimmt nicht! Ihre Geschichten über Ihre Vergangenheit, Ihre derzeitigen Lebensumstände und Ihre Zukunft existieren nur in Ihrem Geist, nicht in der Realität. Und wenn Sie das erst einmal voll und ganz kapieren, können Sie Ihr Bedürfnis, ständig zu denken, mit mehr Zuversicht loslassen, müssen Ihren Kopf nicht mehr ganz so ernst nehmen und können sich lachend auf den Weg in die Freiheit begeben.

Meine übereifrige Vorstellungskraft

Als Kind schlich ich eines späten Abends ins Fernsehzimmer und sah mir den Film *Der weiße Hai* an. Er erschreckte mich zu Tode! Wochenlang konnte ich nicht schlafen; ich war der festen Überzeugung, der große Hai aus dem Film würde sich in meinem Kleiderschrank verstecken und nur darauf warten, bis ich einschlief, um dann herauszukommen und mich aufzufressen.

Im Rückblick kann ich über die Vorstellung eines Riesenfisches in meinem Kleiderschrank nur lachen, doch damals fühlte sich das ganz real an; ich konnte wirklich vor lauter Angst und Sorge nicht schlafen.

Als meine Eltern mir dann beibrachten, der Hai in meinem Schrank sei nicht real, sondern existiere nur in meiner Fantasie, glaubte ich ihnen nicht, denn er *fühlte* sich so real an. Doch sie sprachen die Wahrheit und lehrten mich eine der wichtigsten Lektionen meines Lebens.

Ich weiß jetzt, dass meine Probleme hauptsächlich in meinem Kopf existieren, entweder in meiner Fantasie von der Vergangenheit oder der Zukunft – und nur selten, wenn überhaupt, in der realen Welt des jetzigen Augenblicks.

Was, wenn ein Großteil des emotionalen Stresses, der sich negativ auf Ihre Gesundheit und Ihren Seelenfrieden aus-

wirkt, dem Hai im Kleiderschrank ähnelt? Und wenn sich
die Probleme, obwohl sie sich real anfühlen, mehr in Ihrer
Fantasie als in der Realität abspielen?

Erleichterung beim Anblick des Lichts

Meine Erleichterung, als ich eines Tages herausfand, dass meine Erinnerungen an die Vergangenheit – egal, wie schlimm oder traurig sie auch sein mögen – jetzt allein über meine Vorstellungskraft zugänglich sind, lässt sich gar nicht in Worten ausdrücken. Dasselbe gilt für meine Zukunftsängste; jahrelang erschrak ich vor meinem eigenen Schatten, meiner Fantasie. Das Wissen, dass sowohl die Vergangenheit als auch die Zukunft nichts als Geschichten sind, die sich mein Geist ausgedacht hat, erleichterte mir die Therapie zum Loslassen meiner Probleme sowie die Meditation, um weniger zu denken, erheblich.

Zum Glück müssen Sie nicht zum Zeitreisenden werden,
der die Vergangenheit oder die Zukunft verändert,
um mehr Frieden zu erleben. Sie müssen lediglich lernen,
präsenter und in der Gegenwart zu sein.

Leider erkennen Millionen von Menschen diese einfache Wahrheit ihr ganzes Leben lang nicht. Sie verbringen ihre Tage und durchleben dabei im Geist immer und immer wieder ihre Vergangenheit oder Zukunftsszenarien, leiden unter unnötigem Stress und schlechter Gesundheit und kämpfen dabei ständig, einfach weil sie im Kopf sind und über die Vergangenheit und die Zukunft nachdenken. Dadurch entgeht ihnen der Frieden des gegenwärtigen Moments.

Der Körper kann nicht unterscheiden

Wie zahlreiche wissenschaftliche Studien inzwischen nachgewiesen haben, kann der Körper nicht zwischen realen Geschehnissen und dem, was sich im Kopf abspielt, unterscheiden. Und das bedeutet: Selbst wenn Sie nur an eine stressige Situation denken, durchlebt der Körper dieselben negativen physischen Reaktionen, als ob das tatsächlich geschehen würde.

Das ist wirklich erstaunlich, nicht wahr? Daraus ergeben sich sehr weitreichende Implikationen hinsichtlich Selbstheilung und Gelassenheit. Es erklärt nicht nur, warum so viele Menschen auf dem Planeten unter körperlichen Problemen leiden, sondern beweist auch, wie wichtig es ist, zu lernen, weniger zu denken und präsenter zu sein.

Bittere Pille?

Ich gebe ja zu, das mag zunächst ein bisschen schwierig zu »schlucken« sein, insbesondere wenn Ihre Probleme sich real anfühlen und anscheinend jetzt auftreten. Doch um Ihrer Gesundheit und Ihres Glückes willen möchte ich Sie einladen, zu erkennen, dass ein Großteil Ihres Stresses und Ihres Unbehagens von zu viel Nachdenken über die Vergangenheit und die Zukunft herrührt.

~~~~~~

Ich möchte Ihnen Mandy vorstellen, die sehr lang emotional von Geschehnissen aus der Vergangenheit gequält wurde.

Ich besuchte Sandys Retreat; seit über 22 Jahren quälten mich negative Emotionen, die mit drei Leuten zu tun hatten. Diese Erinnerungen hatten mein Körpergewicht beeinflusst, und ich litt unter Wut und Depressionen. Nach der Arbeit mit Sandy fühlte ich mich, wie wenn mir eine Last von den Schultern genommen wäre, und meine Schmerzen, die ich mit mir herumgetragen hatte, waren komplett verschwunden.

Wie Mandy bei unseren Sitzungen herausfand, waren das, was sie als Probleme betrachtete, in Wirklichkeit keine Probleme, sondern Geschichten in ihrem Kopf. Sie ließ die Schmerzen los, die sie über 20 Jahre lang geplagt hatten, als sie erkannte, dass sie sich durch ihre immer wiederkehrenden Gedanken an vergangene Ereignisse unnötigen Stress bereitete. Ich zeigte ihr, wie sie im Jetzt sein konnte, und sie erforschte, welcher Unterschied zwischen dem Sein in der Gegenwart und dem Sein im Kopf und im Denken über die Vergangenheit bestand. Sie erkannte, dass sie kein Opfer einer unveränderlichen Vergangenheit war, und mit ein wenig Übung hatte sie die Wahl, sich für den Frieden des gegenwärtigen Moments zu entscheiden, anstatt wieder in die Schmerzen ihrer vergangenen Geschichten einzusteigen.

In meinem Zimmer gibt es keine Probleme

Von meinem spirituellen Lehrer hörte ich eine Geschichte, die mir half, meine Vergangenheit loszulassen.

Es war einmal ein in New York ansässiger Psychologe, der sich nach einer höchst erfolgreichen Karriere in den Ruhestand zurückzog. Bei einem Interview fragte ihn ein Journalist nach der wichtigsten Lektion, die er im Laufe seiner jahrzehntelangen Berufstätigkeit von seinen Klienten gelernt hatte. Seine Antwort war sicherlich nicht das, was der Journalist erwartet hatte.

Dieser weise Psychologe sagte, in seinen Praxisräumen habe nie jemand ein Problem gehabt. Wie er erklärte, war dieser Raum immer ein sicherer und geschützter Ort. Es gab einen bequemen Stuhl und hübsche Pflanzen, die für ein angenehmes Umfeld sorgten. Doch obwohl im Therapieraum alles perfekt war, »verließ« jede Person, die er dort betreute, das Zimmer, also die Erfahrung des gegenwärtigen Moments des Seins in diesem Zimmer, und ging stattdessen in den Kopf, in die Vorstellung, um sich an Probleme zu erinnern und darüber zu reden – Probleme, die aber nicht im Hier und Jetzt des Therapieraums auftraten. Unglaublich, nicht wahr?

Aus dem Maya-Albtraum erwachen

In den alten Weisheitslehren wird diese »Geschichte« oft als »Maya« bezeichnet; das ist das Sanskritwort für »Illusion« oder »Traum«. Doch wenn wir ehrlich sind, ist Maya manchmal eher ein Albtraum, besonders für Leute, die ganz unbeabsichtigt ihre ganze Aufmerksamkeit auf die möglichen, endlosen Probleme richten, die der Geist erfinden kann.

Ich gebe ja zu: Gedanken und Gefühle lassen Maya unter Umständen als etwas sehr Reales erscheinen, und so fühlen sie sich auch an; aber das heißt nicht, dass sie tatsächlich real *sind*. Wie wir schon gesehen haben, existieren die meisten Probleme, über die Sie tagtäglich nachdenken, nur in Ihrem Kopf, aber nicht in der Realität des gegenwärtigen Moments. Je präsenter Sie werden, desto weniger denken Sie über das Leben nach und desto mehr erfahren Sie die Fülle des wirklichen Lebens. Und Sie erkennen, dass die Geschichte im Kopf sich immer um die Vergangenheit und die Zukunft dreht; indem Sie Ihre Aufmerksamkeit auf Ihre zeitweiligen, vorübergehenden Gedanken und Gefühle richten, versäumen Sie die Schönheit und Vollkommenheit des gegenwärtigen Moments.

Sie haben vielleicht weiterhin gesundheitliche Probleme, sind womöglich in diesem Monat knapp bei Kasse, und irgendwo hat irgendjemand beschlossen, er mag Sie nicht. Doch all das wird nur zu einem Problem, wenn Sie darüber wertend nachdenken und dadurch weniger präsent sind.

Freisein von Problemen kann zu Ihrer Realität werden –
wenn Sie lernen, weniger über die Geschichten in Ihrem
Kopf nachzudenken.

Im nächsten Kapitel gehen wir näher auf das Präsentsein ein, was vielleicht widersprüchlich erscheint. Als Vorschau bitte ich Sie, sich klarzumachen, dass *dieser* Augenblick *genau jetzt, gerade eben* passiert. Sie lesen gerade diese Seite, und alles an diesem Moment ist tatsächlich okay, vielleicht sogar besser als okay. Sie haben wahrscheinlich Kleidung und Nahrung, sitzen bequem und genießen die Erfahrung, *dieses* Wort zu lesen. Nehmen Sie diesen Moment mit höchster Aufmerksamkeit wahr, dann fällt Ihnen vielleicht Ihr innerer Frieden auf, den Sie gegenwärtig verspüren.

Präsent sein bedeutet nicht nur, zu bemerken, was gerade passiert. Wie Sie noch herausfinden werden, geht es auch darum, sich seiner Präsenz, seines Seins, seiner inneren Stille und Ruhe bewusst zu werden. Denn wenn Sie Ihre Aufmerksamkeit auf *diesen* Augenblick richten, wird Ihnen auch Folgendes klar: Um über irgendwelche Probleme nachzudenken, müssen Sie die Aufmerksamkeit von diesem Moment weglenken. Denken geschieht oft unbewusst, und viele Menschen sind sehr daran gewöhnt, ihre Aufmerksamkeit auf Gedanken über die Vergangenheit und die Zukunft zu richten. Doch wenn Sie spielerisch all Ihre Aufmerksamkeit auf das Jetzt fokussieren, dann wird Ihnen auffallen, welcher Tanz zwischen diesem Moment und den im Kopf ablaufenden Geschichten stattfindet.

Die Realität leugnen

Einer der häufigsten Einwände, die gegen das Loslassen der Geschichte angeführt werden, lautet, das fühle sich so an, als ob Sie die Realität leugneten. Probleme können sich durch das viele Nachdenken darüber sehr real anfühlen, und wenn Sie sie dann ignorieren, haben Sie leicht das Gefühl, Sie würden den Kopf in den Sand stecken.

Doch dieser Einwand hängt davon ab, wie Sie Realität definieren. Für mich ist Realität im wahrsten Sinn des Wortes das, was real ist; und das, was real ist, geschieht im jetzigen Moment. Alles, was über die direkte und unmittelbare Erfahrung im Jetzt hinausgeht, ist kopfgemacht. Um sich mit der Vergangenheit oder Zukunft zu befassen, müssen Sie Ihre Fantasie bemühen. So betrachtet, ist das Denken an die Zukunft und die Vergangenheit ein Leugnen der jetzigen, gegenwärtigen Realität. Die einzige Möglichkeit, die Realität zu leugnen, besteht also letztendlich darin, sich Gedanken über Dinge zu machen, die nicht gerade jetzt geschehen.

Wenn ich davon rede, »nicht zu denken«, meine ich damit keineswegs, Sie sollten in Passivität verfallen und Situationen, die Ihnen Sorgen bereiten, nicht mehr proaktiv angehen. Vielmehr geht es darum, nicht zu viel über das nachzudenken, was Sie als Probleme wahrnehmen. Durch negatives Denken fließt lediglich Ihre Energie in das, was Sie nicht wollen, wodurch Sie eher dazu neigen, genau diese Dinge immer wieder zu kreieren. Denken Sie weniger nach, dann steht Ihnen dadurch mehr freie Energie zur Verfügung, um Ihren Körper und Ihr Leben signifikant zu verbessern. Und nicht nur das: Sie wachen auch auf und leben in der Wahrheit und nicht mehr in Ihrer nur relativ wahren, kopfgemachten Version der Realität.

SPIEL

Geschichte versus Realität

Schreiben Sie in Ihrem Notizbuch ein Problem auf, mit dem Sie sich gerade herumschlagen. Das könnte mit einer Beziehung zu tun haben, mit Ihrer Gesundheit, Ihren Finanzen oder sonst etwas. Dann denken Sie ein paar Augenblicke aktiv über das Problem in Ihrem Kopf nach.

Nach ungefähr einer Minute des Nachdenkens über die Geschichte beantworten Sie bitte folgende Fragen:

- *Wo bin ich gerade?*
- *Welche Farben kann ich gerade sehen?*
- *Welche Geräusche kann ich gerade hören?*
- *Was berühre ich gerade physisch?*
- *Tritt dieses Problem jetzt gerade auf?*
- *Wie ist es für mich, zu merken, dass dieser Augenblick gerade geschieht?*

Geschichte versus Beispiel aus der Realität

DIE GESCHICHTE: *Was ist das Problem?* Meine Beziehung ist in die Brüche gegangen. Die Person, die ich liebe, hat entschieden, dass sie nicht mehr mit mir zusammen sein will, und ohne sie ist mein Leben traurig und einsam.

DIE REALITÄT: *Wo bin ich gerade?* Im Moment sitze ich auf einem Stuhl in meinem Garten. *Welche Farben kann ich gerade sehen?* Ich sehe grüne Bäume, die sich im Wind wiegen, und über mir den blauen Himmel mit ein paar vorüberziehenden Wolken. *Welche Geräusche kann ich gerade hören?* Ich höre Vogelgezwitscher. Ich höre den Verkehrslärm in der Ferne. Auch Stille tritt ein. *Was berühre ich gerade physisch?* Mein Gesäß drückt gegen den Stuhl, auf dem ich sitze. Ich halte meinen Stift und fühle das Notizbuch, auf dem meine Hand ruht. *Tritt dieses Problem jetzt gerade auf?* Nein, meine Expartnerin ist gerade nicht bei mir, und der Streit wurde nur in meinem Kopf fortgeführt. *Wie ist es für mich, zu merken, dass dieser Augenblick gerade geschieht?* Dieser Augenblick ist hell, klar, frisch, ruhig, voller Potenzial und friedlich.

Wie Sie sehen, haben Sie die Wahl: Sie können Ihre Auf-
merksamkeit auf den kopfgemachten Traum lenken oder
auf die lebendige Realität.

Mit dieser Übung können Sie erkennen, dass Sie immer dann, wenn Sie über ein Problem nachdenken, den gegenwärtigen Moment verpassen. Ihre Aufmerksamkeit liegt nicht auf all den Farben, Geräuschen oder körperlichen Empfindungen, sondern auf der negativen Geschichte in Ihrem Kopf. Das kann enorme Auswirkungen haben!

Spielen Sie mit dieser Übung. Wie Sie wahrscheinlich merken werden, wird Ihr Geist versuchen, Sie davon zu überzeugen, dass Sie über das Problem nachdenken müssen, um eine Lösung zu finden. Doch wenn Sie weiterhin ganz beherzt im gegenwärtigen Moment verweilen, wird Ihnen vielleicht klar, dass sich die Dinge oft ganz mühelos und weitreichend verbessern, sobald Sie das problembeladene Denken loslassen. Sie verhalten sich dann sanfter, liebevoller und freundlicher, und Ihr neues Sein spiegelt sich in Ihren äußeren Lebensumständen wider.

Probleme für immer hinter sich lassen

Wenn ich sage, das Leben kann frei von Problemen sein, meine ich nicht, es würde Sie nicht vor Herausforderungen stellen. Ganz im Gegenteil: Nach meiner Erfahrung bringt das Leben nach wie vor Herausforderungen mit sich. Doch als ich meine persönliche Geschichte losließ, hat sich meine Beziehung zum Leben massiv verbessert. Es stellt mich vor Herausforderungen, aber ich weiß, letztendlich ist nichts daran falsch, und alles, was geschieht, hilft mir dabei, aus der Illusion aufzuwachen und mehr Frieden, Liebe und Freiheit zu genießen.

Das Leben ist nicht mehr voller Probleme,
sondern angefüllt mit Frieden.

Wenn Sie präsent sind, können Sie sich von schädlichem Stress befreien, denn Sie setzen dem Leben nicht mehr so viel Widerstand entgegen. Sie klammern sich nicht mehr an die Vergangenheit und kämpfen nicht mehr gegen eine potenzielle Zukunft an. Der Geist ist der Herr und der Körper sein Diener – oder anders ausgedrückt: Der Körper folgt dem Geist, und das natürliche Nebenprodukt eines friedvollen, ruhigen Geistes ist ein Körper in Ruhe, der auf natürliche Weise heilen kann, so wie er es möchte; der dadurch ausgeglichen ist und so funktioniert, wie er soll, und der auf gute Art und Weise altert und wahre Vitalität erlebt.

Sobald Sie die be- und verurteilenden Gedanken im Kopf loslassen, können Sie Ihr Leben sogar so erleben, als ob nichts schieflaufen oder fehlen würde. Das Leben ist perfekt. Sie sind perfekt. Das Leben ist vollständig. Sie sind vollständig. Das Leben ist nicht zerbrochen und Sie auch nicht. Sie ruhen in dem Wissen, dass bessere Gesundheit, Seelenfrieden und Glück Ihr Geburtsrecht sind, Ihre natürlichste Seinsweise. Es fällt Ihnen zu, wenn Sie dem Leben keinen Widerstand mehr entgegensetzen und Sie sich stattdessen mit Ihrer Aufmerksamkeit darauf fokussieren, den Frieden zu genießen, welcher sich ganz natürlich einstellt, wenn Sie sich voll und ganz auf den gegenwärtigen Moment einlassen.

Meiner Überzeugung nach sind wir nicht auf dem Planeten, um ständig nur etwas zu korrigieren, zu verändern und zu verbessern, sondern um zu lernen, voll und ganz zu lieben. Indem Sie lernen, innerlich »Ja« zum Leben zu sagen und es zu akzeptieren, können Sie alles, was geschieht, nutzen, um zu lernen, wie Sie mehr Frieden, Liebe und Freiheit erfahren können. Sie haben die Wahl.

»Sei zufrieden mit dem,
was du jetzt hast;
erfreue dich der Dinge,
wie sie jetzt sind.
Wenn du erkennst,
dass es dir an nichts fehlt,
gehört dir die ganze Welt.«

LAOTSE

KAPITEL FÜNF

Durch Denken
verpassen Sie das Leben

• • • • • • • • • • • • •

IM GEGENWÄRTIGEN MOMENT
GIBT ES KEINE GEDANKEN

Durch zu viel Denken werden Sie daran gehindert, den Frieden zu genießen, der innerlich bereits da ist. Das Leben geschieht genau jetzt. Jetzt ist alles, was es gibt. Das Jetzt ist immer neu und frisch, voller Fülle und Lebenskraft. Alles, was in der Realität existiert, existiert nur jetzt. Jetzt ist der einzige Augenblick, der existiert. Der einzige Augenblick, in dem *Sie* existieren. Und der einzige Augenblick, in dem Sie *jemals* inneren Frieden erfahren können.

In diesem Kapitel geht es darum, die Vorstellung loszulassen, irgendetwas müsste sich verändern, müsste korrigiert oder verbessert werden, damit Sie Frieden finden. Es geht darum, den Gedanken aufzugeben, Ihr Frieden sei von Ihrer Vergangenheit oder Zukunft abhängig, und zwar, indem Sie zuzulassen lernen, dass dieser Augenblick genug ist.

Denken, etwas würde nicht stimmen

Als Kind ging ich in den Kindergarten, dann zur Grundschule, schließlich auf die weiterführende Schule und die Universität. Ich lernte zahllose Konzepte und Vorstellungen über das Leben kennen, und ständig wurde ich dazu ermuntert, ein besserer Denker zu werden.

Wie man mir beibrachte, konnte ein Problem gelöst werden, indem man es durchdachte. Doch obwohl ich im Denken wirklich gut wurde, bestand mein Leben weiterhin aus Problemen, und ich fand keinen Frieden.

Niemand erklärte mir jemals, dass genau der Akt des Denkens die zugrunde liegende Ursache meiner Probleme war. Also gab ich nach den Jahren an der Uni Tausende von Pfund für Kurse zur Persönlichkeitsentwicklung aus, um meinen Geist zu verändern und so ein friedliches, problemloses Leben zu führen, wie es sich mein Herz ersehnte. Doch je mehr ich versuchte, mich zu verändern und zu bessern, desto mehr Dinge entdeckte ich, die es zu korrigieren und zu verbessern galt.

Nach unzähligen Versuchen, durch immer noch einen Kurs Frieden zu finden, machte eine Freundin von mir nebenbei eine Bemerkung, die meinen Blickwinkel komplett veränderte. Wie sie sagte, war sie »ein Opfer der persönlichen Entwicklung«. Das stieß bei mir auf Resonanz, und ich erkannte, dass sämtliche Kurse, die ich besucht hatte, auf der versteckten Annahme beruhten, mit mir würde etwas nicht stimmen und ich müsste meinen Geist korrigieren, verändern und verbessern, um ein besseres Leben zu führen.

Die meisten Menschen hegen ganz hinten und versteckt im Kopf die Überzeugung, mit ihnen und ihrem Leben stimme etwas nicht. Meinen Beobachtungen zufolge wirkt diese Überzeugung still und leise im Verborgenen und führt zu Gefühlen der Furcht, Unzufriedenheit und Lebensangst. Für mich persönlich kann ich dazu sagen: Dadurch leistete ich meinem Leben Widerstand und war nie vollkommen zufrieden damit, wie die Dinge waren bzw. wie ich war. Und im Hinblick auf das Thema dieses Buches war vor allem die Erkenntnis wichtig, dass dies die verborgene Überzeugung ist, die einen »Denkzwang« auslöst.

Der Geist liebt Probleme über alles und versucht sehr aktiv, eine Lösung zu finden. Solange Sie also weiterhin glauben, es würde etwas nicht stimmen, fühlen Sie den Zwang, zu viel zu denken. Doch es gibt auch eine gute Nachricht: So muss es nicht unbedingt sein.

Stellen Sie sich einmal vor, ich könnte in Ihren Kopf greifen und die Überzeugung, etwas stimme nicht, einfach entfernen. Wie ist das für Sie? Wie würden Sie sich fühlen in dem Wissen, letztendlich sei nichts verkehrt, sondern alles in Ordnung?

Immer wenn ich bei meinen Vorträgen die Leute im Publikum auffordere, sich das vorzustellen, fühlen sie sich normalerweise »frei«, »ruhig« oder »zufrieden«, und ich sehe eine Menge lächelnder Gesichter, wenn sie merken, wie ihr Geist zur Ruhe kommt.

Im Folgenden geht es größtenteils darum, Sie dabei zu unterstützen, präsent zu sein und sich mit Ihrer friedvollen Präsenz wieder zu verbinden. Damit will ich Ihnen helfen, die Fülle und Vollkommenheit des gegenwärtigen Moments wiederzuentdecken. Wie Sie feststellen werden, transzendieren Sie, wenn Sie präsent sind, auf ganz natürliche Weise die verborgene Überzeugung, etwas stimme nicht, und erleben stattdessen das Nirwana des Jetzt. Hört sich das gut an? Dann wollen wir nun beginnen, den Unterschied zwischen Denken und dem Sein im Hier und Jetzt zu erforschen.

Die verborgene Hürde, die uns vom Leben abhält

Das Leben ist immer präsent. Ja, wirklich. Doch indem Sie sich bei Ihren Gedanken im Kopf aufhalten, verpassen Sie es womöglich, und zwar, weil das Leben im Jetzt, Ihr Geist aber nur durch das Denken an Vergangenheit und Zukunft existiert. Denken fungiert als unsichtbare Hürde, die zwischen Ihnen und dem gegenwärtigen Moment steht, zwischen Ihnen und der Erfahrung des Friedens. Ich sage »unsichtbar«, weil die meisten Leute sich gar nicht darüber im Klaren sind, welche Auswirkungen das Denken auf ihren Frieden hat.

Denken stumpft gegen die umfassende Erfahrung des Lebens ab, weil der Geist immer einen Schritt von jeder beliebigen Erfahrung entfernt ist. Der Geist kann den gegenwärtigen Moment nicht *erfahren;* er kann nur über den gegenwärtigen Moment nachdenken. Ähnlich ist es mit dem Frieden: Der Geist kann Frieden nicht erfahren, sondern nur über den Frieden nachdenken. Solange Sie also weiterhin mit Gedanken im Kopf beschäftigt sind, ist Frieden für Sie außer Reichweite.

Schieben Sie das Leben in vollen Zügen auf die lange Bank?

Der Geist ist unfähig, Frieden zu erfahren, und deshalb bleibt ihm nur die Möglichkeit, ihn hinauszuschieben, in der Annahme, im derzeitigen Leben laufe etwas falsch und er müsse unermüdlich erst einmal herausfinden, was er alles korrigieren, verändern oder verbessern muss. Und so erzählt Ihnen Ihr Kopf, Sie müssten X, Y oder Z tun, um in Frieden leben zu können, und Ihre Finanzen, Ihre Beziehungen, Ihren Beruf, Ihre Umwelt verändern – ganz schön viele Sachen –, und alles muss erst einmal in Ordnung gebracht werden, bevor Sie ein bisschen Frieden erfahren können.

Falls Sie sich über diese Neigung des Geistes nicht im Klaren sind, enden Sie womöglich als Opfer seiner unaufhörlichen und ständigen »Vertagung« Ihres inneren Friedens. Die Zukunft kommt einfach nie, und so warten Sie unter Umständen Ihr ganzes Leben lang auf den Frieden, nur weil Ihr Geist sich immer wieder Neues ausdenkt, was dann auf Ihre Liste dessen kommt, »was ich tun muss, um endlich Frieden zu haben«.

Verstehen Sie mich nicht falsch, ich will keineswegs behaupten, Ihr Geist wäre gegen Sie. Ganz im Gegenteil! Er glaubt tatsächlich, Sie könnten eines Tages in Frieden leben, wenn er Ihnen hilft, Ihren Körper und Ihr Leben zu verändern. Doch genau hier liegt das Problem.

Ihr Kopf wird den Frieden immer in die Zukunft
verschieben, weil er ihn im Jetzt nicht erfahren kann.

Im gegenwärtigen Moment gibt es keine Gedanken

Bevor ich eine andere Seinsweise kennenlernte, war ich stets so gut wie den ganzen Tag mit meinen Gedanken über die Vergangenheit und die Zukunft beschäftigt. Ich dachte darüber nach, was vor Stunden, Tagen, Wochen oder sogar Jahren passiert war, oder probte im Kopf alles, was in ein paar Stunden, Tagen, Wochen oder Jahren in Zukunft geschehen würde. Kommt Ihnen das bekannt vor?

Eine meiner wichtigsten Einsichten aus unzähligen Stunden des Meditierens und Lernens von erleuchteten Lehrern lautet: Im gegenwärtigen Augenblick gibt es keine Gedanken.

Das will ich näher erklären: Damit der Geist über etwas reden kann, muss es bereits geschehen sein. Während Sie also über die Vergangenheit oder die Zukunft nachdenken, verpassen Sie den gegenwärtigen Moment.

Präsent sein und friedvoll sein sind ein und dasselbe. Das eine kann ohne das andere nicht erfahren werden. Wenn Sie das wissen, ist glasklar erkennbar, wie extrem einfach die Erfahrung des Friedens ist:

Sie sind entweder im gegenwärtigen Moment und erleben Frieden, oder Sie sind im Kopf und denken über Frieden nach.

Frieden ist in der Vergangenheit oder Zukunft nicht gegenwärtig

Obwohl Sie also nur im Jetzt Frieden erleben, kann Ihr Geist Ihre Aufmerksamkeit davon weg und auf die Vergangenheit und Zukunft lenken. In die Vergangenheit können Sie nur über die Vorstellungskraft gehen. Die Vergangenheit ist nichts anderes als eine Ansammlung alter Gedanken. Die Wirklichkeit dagegen ist das, was real ist, im Hier und Jetzt (deshalb ist es ja auch die ***Realität!***).

Möchten Sie also wirklichen Frieden erfahren, dann lautet meine Empfehlung: *Verschwenden Sie keinen zweiten willentlichen Gedanken an vergangene Momente; dort werden Sie keinen Frieden finden, ebenso wenig in der Zukunft. Die Zukunft mag voller Hoffnungen sein, doch dieser gegenwärtige Moment* führt Sie nach Hause zu dem Frieden, der Liebe und der Freude, die Ihnen von Geburt an zustehen und die Sie jetzt erleben, erforschen und genießen können. Denken Sie daran: Selbst wenn Ihr Bemühen, die Vergangenheit und die Zukunft perfekt zu gestalten, von Erfolg gekrönt ist, können Sie dennoch Frieden nur *jetzt* erfahren. Deshalb frage ich Sie noch einmal: Warum verschwenden Sie Zeit damit, bewusst über die Vergangenheit oder die Zukunft nachzudenken, wenn Sie doch letztlich eigentlich im Jetzt Frieden erleben möchten?

Dieses Buch dreht sich um das *Erfahren* des Friedens, und Sie können nur im Jetzt etwas direkt und wirklich erfahren. Aber das müssen Sie mir nicht einfach so glauben.

Überlegen Sie einmal kurz, was bislang die drei besten Augenblicke Ihres Lebens waren. Wahrscheinlich haben sie eines gemeinsam: *Sie* waren in diesen Momenten präsent. Die Zeit existierte nicht mehr. Sie dachten nicht an die Vergangenheit oder Zukunft, sondern waren mit Ihrer Aufmerksamkeit voll und ganz bei dem jeweiligen Geschehen.

Ich habe eine tolle Nachricht für Sie: Lernen Sie, präsent zu sein, dann kann Ihr Leben zum großen Teil genauso erfüllend sein wie diese besten Augenblicke.

Die wundervollen Geschenke, die Präsentsein mit sich bringt

Ob Sie es nun glauben oder nicht: Was in der Vergangenheit passierte und zukünftig geschehen könnte, muss Ihren Frieden im gegenwärtigen Moment nicht beeinträchtigen. Wenn Sie voll und ganz präsent sind, haben Sie keine Zeit, in der Vergangenheit zu verweilen, sich über die Gegenwart zu beschweren oder sich für die Zukunft mehr zu wünschen. Es ist, wie Sie feststellen werden, viel verlockender, hier in diesem jetzigen Moment zu sein, als über die Vergangenheit und Zukunft nachzudenken. Und Sie werden auch merken, wie tot und leblos sich diese Gedanken an Vergangenes und Zukünftiges anfühlen, verglichen mit der Lebendigkeit des Jetzt. Sobald etwas passiert ist, ist es auch schon Vergangenheit. Vorbei. Und zwar für immer, selbst wenn es gerade einmal einen kurzen Moment her ist. Dann halten Sie nicht mehr an der Vergangenheit fest und kämpfen auch nicht mehr gegen eine potenzielle Zukunft an. Denn Sie wissen: Nichts Vergangenes lohnt das Nachdenken darüber, und nichts Zukünftiges könnte Ihnen mehr Frieden schenken als das Präsentsein.

Das Beste aus diesem Augenblick herauszuholen,
wird zur natürlichen Entscheidung.

Sie verlassen sich nicht mehr darauf, in Zukunft etwas zu bekommen, und begnügen sich mit diesem Moment, woraufhin sich unmittelbar vollkommener Friede, grenzenlose Liebe und jede Menge Glück einstellen. Wenn Sie vollkommen präsent sind, beurteilen Sie diesen Moment nicht und vergleichen ihn auch nicht mit einem Augenblick in der Vergangenheit oder der Zukunft. Sie erfahren das Leben als etwas Vollkommenes, Ganzes und Vollständiges. Sie verweilen voll und ganz im Frieden, der immer da ist.

TOP-TIPP – Praxistipps für mehr Präsenz

Der Glaube, Präsentsein heiße, nicht mehr über die Vergangenheit und die Zukunft reden zu können, schafft besonders viel Verwirrung. Doch die gute Nachricht lautet: Sie können sprechen, worüber Sie wollen! Aus einem beständigen Gewahrsein des gegenwärtigen Augenblicks heraus können Sie über Vergangenes ebenso reden wie über zukünftige Pläne (ich mache das ständig im Rahmen meiner Arbeit, wenn ich Geschichten über die Vergangenheit erzähle und meine Workshops und Retreats plane). Doch es gibt einen wichtigen Unterschied: Sie bleiben sich dabei voll des gegenwärtigen Moments bewusst und sprechen aus dieser Perspektive heraus über was auch immer. Der Unterschied besteht darin, dass Sie den gegenwärtigen Moment nicht verlassen, um die Vergangenheit im Gespräch erneut zu durchleben. Verstehen Sie, wie anders das ist? Das Gleiche gilt für Zukunftspläne: Sie können hier und jetzt präsent sein und dennoch Pläne für die Zukunft schmieden.

Im nächsten Kapitel wird genau erklärt, wie das geht. Spielen Sie mit dem bewussten Gewahrsein des gegenwärtigen Augenblicks, wenn Sie über die Vergangenheit oder die Zukunft sprechen, dann bemerken Sie, wie viel mehr Frieden Sie genießen werden. Sie können über Vergangenes (auch traumatische Erlebnisse) ohne den geringsten emotionalen Aufruhr sprechen, weil der Großteil Ihrer Aufmerksamkeit im Hier und Jetzt und nicht im Dort und Damals liegt. Und wie Sie auch feststellen werden, fallen die Sorgen um die Zukunft weg, denn Sie brauchen sie nicht mehr, um sich erfüllt zu fühlen. Eine sehr befreiende Art, zu sein!

Und jetzt das letzte Kapitel noch einmal in Kürze

Wenn Sie nicht so viel Frieden, Liebe, Schönheit, Geheimnisvolles, Spaß oder Glück genießen, wie Sie gerne möchten, heißt das keineswegs, all das sei nicht bereits in Ihrem Leben vorhanden, sondern nur, dass Sie nicht präsent genug sind, es zu erfahren. Steigen Sie aus Ihren Gedanken aus und in den gegenwärtigen Moment ein, dann können Sie das Leben als ein wunderbares Geschenk erfahren.

Präsentsein und In-Frieden-Sein sind untrennbar miteinander verbunden. Sie können das eine nicht ohne das andere erleben. Frieden zu genießen, indem Sie im gegenwärtigen Moment leben, ist eine höchst einfache und klare Sache: Entweder Sie leben im Moment und im Frieden, oder Sie sind im Kopf und denken über den Frieden nach. Sie haben die Wahl!

SPIEL

Die Friedensaufschieber

Forschen Sie einmal nach: *Was müsste Ihrer Überzeugung nach passieren, damit Sie Ruhe im Kopf haben und Ihren Seelenfrieden finden?*

Seien Sie sich selbst gegenüber ehrlich, während Sie die folgenden Fragen beantworten. Sie sollten die auftauchenden Gedanken nicht erst überarbeiten, bevor Sie sie niederschreiben. Es ist wichtig, sich die Gedanken sozusagen in ihrer »Rohfassung« anzuschauen, um sich mit jenen auseinanderzusetzen, die Ihren Frieden hinauszögern.

1. **Was muss sich meiner Meinung nach an mir ändern, damit ich Frieden erleben kann?**
   (Das kann sein: Ihre körperliche Gestalt und Ihr Gewicht, Ihre physische Gesundheit, Ihr Verstand, Ihre Talente und Fähigkeiten, Ihre Leistungen und Misserfolge, Ihre Vergangenheit und Ihre Zukunft.)

2. **Was muss sich meiner Meinung nach in meinem Leben ändern, damit ich Frieden erleben kann?**
   (Das kann sein: Ihre Gesundheit, Ihre Beziehungen, Ihre Finanzen, Ihre Sicherheit, Ihre Verantwortlichkeiten, Ihr Zeitdruck, Ihre Karriere und Ihr Lebensumfeld.)

3. **Was muss sich meiner Meinung nach an mir ändern, damit ich zu 100 Prozent liebenswert bin?**
   (Das kann sein: Ihre körperliche Gestalt und Ihr Gewicht, Ihre physische Gesundheit, Ihr Verstand, Ihre Talente und Fähigkeiten, Ihre Leistungen und Misserfolge, Ihre Vergangenheit und Ihr Zukunftspotenzial.)

4. **Was muss sich meiner Meinung nach in meinem Leben ändern, damit ich es voll und ganz liebe?**
   (Das kann sein: Ihre Gesundheit, Ihre Beziehungen, Ihre Finanzen, Ihre Sicherheit, Ihre Verantwortlichkeiten, Ihr Zeitdruck, Ihre Karriere und Ihr Lebensumfeld.)

Bonusfrage
5. **Wie stelle ich mir Erleuchtung vor?**
   (Das kann mit folgenden Fragen zu tun haben: Wie sind erleuchtete Menschen? Wie verhalten sie sich? Was geht in ihrem Kopf vor? Haben sie Gedanken? Haben sie Emotionen? Ist Erleuchtung für mich in diesem Leben möglich?)

Haben Sie die obigen Fragen beantwortet? Dann überlegen Sie einmal: *Sind manche Ihrer Antworten Bedingungen, die Ihren Frieden hinauszögern?* Damit meine ich: Warten Sie darauf, dass sich etwas ändert, in Ordnung gebracht wird oder bessert, bis Sie Frieden, Liebe und Zufriedenheit im Leben erfahren? Falls Sie solche Bedingungen herausgefunden haben – super! Nun müssen Sie sich darüber klar werden, was Ihrer Meinung nach geschehen muss, denn genau das sind die Gedanken, die Sie loslassen müssen, um im Hier und Jetzt Frieden zu erleben.

In Wahrheit muss sich nichts an Ihnen oder in Ihrem Leben ändern, damit Sie Frieden erfahren können. Es ist nur eine konditionierte Überzeugung, die Ihnen etwas anderes einredet. Ihr Geist wird Ihren Frieden immer in die Zukunft verlegen, weil er ihn jetzt nicht erfahren kann. Oh ja, er kann über Frieden nachdenken, aber weil er ihn nicht erfahren kann, erzählt er Ihnen ständig, alles Mögliche müsste sich verändern, damit Sie Frieden erleben können.

Womöglich verpassen Sie Ihr Leben lang den Frieden, wenn Sie Ihrem falsch informierten Geist Glauben schenken.

Freiheit von Problemen und lebenslanger Frieden setzen voraus, dass Sie in Ordnung sind, ganz egal, was in Ihrem Körper, Ihrem Kopf und Ihrem Leben vor sich geht.

Im nächsten Kapitel werde ich Ihnen das fehlende Teilchen des Ruhe-im-Kopf-Puzzles nennen. Und ich erzähle Ihnen von einer meiner Lieblingsmöglichkeiten des Präsentseins; damit können Sie sich wieder mit dem Frieden verbinden, der immer da ist.

»Sich bewusst werden,
dass man Bewusstsein ist.«

TIMOTHY FREKE

KAPITEL SECHS

Das fehlende Teilchen des Ruhe-im-Kopf-Puzzles ist der Frieden

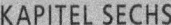

ALLES EXISTIERT IN EINEM FRIEDVOLLEN KONTEXT

Sich von zu viel Denken zu befreien, wird möglich, wenn Sie das, was nun kommt, verstehen und auch anwenden. Für mich war es das *Teilchen,* das mir zu meinem *Seelenfrieden* bzw. Ruhe-im-Kopf-Puzzle noch fehlte, und als ich es schließlich hatte – und Sie bekommen das jetzt auch –, wurde wahrer Frieden in der realen Welt für mich zur lebendigen Realität. [Anm. d. Red.: Wortspiel im Englischen mit den gleichlautenden Begriffen *piece* (= dt. *Teil*) und *peace* (dt. *Frieden*).] Und es gibt keinen Grund, warum das nicht auch für Sie gelten kann.

Beim Präsentsein geht es nicht nur darum, das zu bemerken, was Sie sehen, hören, fühlen, riechen und schmecken können, sondern darum, worauf Sie Ihre Aufmerksamkeit richten – was sehr, sehr wichtig ist, aber oft übersehen wird. Wenn Sie Ihre Aufmerksamkeit weiterhin überall herumwandern lassen, verpassen Sie womöglich den Frieden. Während man lernt, im Alltag präsent zu sein, springt die Aufmerksamkeit oft erst einmal von einer Sache zur nächsten in dem Versuch, alles, was gerade geschieht, bewusst aufzunehmen; deshalb entgeht einem der Frieden, der immer da ist. Um das zu vermeiden, können Sie lernen, auf die zugrunde liegende, subjektive Wirklichkeit des gegenwärtigen Moments zu achten.

Auf der Oberfläche eines aufgewühlten Ozeans

Gedanken, Emotionen, der Körper, die Karriere, Beziehungen, Geld und alle anderen Aspekte der äußeren Welt verändern sich ständig – wie die Oberfläche des Meeres. Gedanken treten auf, Emotionen fließen, der Körper funktioniert. Neue Menschen treten in Ihr Leben, andere verlassen es. Berufliche Laufbahnen verändern sich, politische Parteien gelangen an die Macht und verlieren sie wieder, und das Wirtschaftsklima verändert sich so schnell wie das Wetter. All diese Aspekte des Körpers, des Geistes und des Lebens befinden sich in ständigem Wandel und liegen größtenteils außerhalb Ihrer direkten Kontrolle; es ist also kein Wunder, wenn Sie in diesen Bereichen nicht zur Ruhe kommen und Frieden finden.

Die Macht der persönlichen Aufmerksamkeit

Doch es gibt auch eine gute Nachricht: Über etwas in Ihrem Leben haben Sie ein hohes Maß an Kontrolle, nämlich den Fokus Ihrer Aufmerksamkeit, den niemand anderes kontrollieren kann und den Sie sich nicht von Ihren äußeren Lebensumständen diktieren lassen müssen. Unabhängig davon, was körperlich oder im Leben los ist: Sie selbst können entscheiden, worauf Sie zu einem beliebigen Zeitpunkt Ihre Aufmerksamkeit lenken wollen. Und so lautet die nächste offensichtliche Frage: *Worauf können Sie sich fokussieren, um möglichst viel Ruhe und Frieden im Hier und Jetzt zu erfahren?* Die Antwort auf diese Frage ist sehr erhellend, um nicht zu sagen erleuchtend!

> *Letztendlich können Sie Ihre Aufmerksamkeit nur auf zwei Dinge richten, nämlich entweder die äußeren Inhalte oder den inneren Kontext Ihres Lebens.*

Angenommen, das gesamte Universum existiert in dem Zimmer, in dem Sie sich gerade befinden. In diesem Zimmer gibt es vielleicht Möbelstücke, Blumen, Lampen, ein Telefon und andere Sachen. All das bezeichne ich als **Zeug.** Damit das ganze Zeug überhaupt existieren kann, braucht es den Kontext eines **weiten Raumes.** Es muss eigentlich mehr Raum als Zeug geben, sonst würde das Zeug nicht in den Raum passen. Und das Zeug kann kommen und gehen; der Raum, in dem es sich befindet, ist dagegen konstant und unveränderlich.

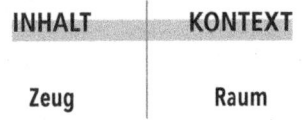

INHALT	KONTEXT
Zeug	Raum

Während Sie diese Worte lesen, nehmen Sie vielleicht *Geräusche* um sich herum wahr: das Ticken einer Uhr, Vogelgesang, die Verkehrsgeräusche in der Ferne, das Rascheln von Blättern vor dem Fenster, Musik oder eine Unterhaltung, die in der Nähe stattfindet. Damit diese Geräusche existieren können, ja damit Sie überhaupt etwas hören können, müssen sie im Kontext der Stille auftreten. Geräusche brauchen Stille. Selbst wenn Sie von Lärm umgeben sind, gibt es *Stille,* damit der Lärm hörbar wird, und diese Stille sitzt in Ihrem Gewahrsein – jetzt und jederzeit.

INHALT	KONTEXT
Zeug	Raum
Geräusche	Stille

Auch *Bewegung* gehört zum Inhalt Ihrer Erfahrung: die Bewegung Ihres Brustkorbs beim Atmen, die Bewegung Ihrer Finger beim Umblättern der Seiten dieses Buches, die Bewegung der Bäume im Wind draußen vor dem Fenster. Und auch diese Bewegung erfolgt in einem Kontext der *Ruhe* – einer Ruhe, der keine Bewegung jemals etwas anhaben kann.

INHALT	KONTEXT
Zeug	Raum
Geräusche	Stille
Bewegung	Ruhe

Wir stellen also fest: Die Inhalte Ihres Lebens, unter anderem all das Zeug, die Geräusche und Bewegungen, finden alle in einem Kontext eines ruhigen, stillen Raumes statt. Und nicht nur das: Während die Inhalte kommen und gehen und sich verändern, ist der Kontext beständig präsent und unveränderlich. Und dasselbe gilt übrigens für den Geist: Die Bewegungen Ihrer

Gedanken und Emotionen finden alle im beständigen Kontext eines ruhigen, stillen Raumes statt.

Hier kommt nun die Eine-Million-Dollar-Frage:

Worauf fokussieren Sie sich tendenziell im Laufe des Tages am meisten: auf den Inhalt oder auf den Kontext Ihres Lebens?

Fast alle Menschen, denen ich diese Frage stelle, erkennen, dass sie die meiste Zeit den Großteil ihrer Aufmerksamkeit auf den Inhalt ihres Geistes und ihres Lebens fokussieren.

Sie fühlen von Natur aus das, worauf Sie sich fokussieren

Wenn Sie also Ihre ganze Aufmerksamkeit auf das richten, was sich bewegt und verändert, haben Sie höchstwahrscheinlich ein Gefühl der Instabilität und des Unbehagens. Doch um sich wieder mit dem allgegenwärtigen Frieden zu verbinden, müssen Sie lernen, Ihre Aufmerksamkeit auf das zu lenken, was unbeweglich und unveränderlich ist, was immer ruhig und still ist.

Verlagern Sie Ihre Aufmerksamkeit, können Sie auf der Stelle Ihr Geburtsrecht wieder für sich in Anspruch nehmen. Frieden, Zufriedenheit, Liebe, Glück und noch viel mehr – all das wartet geduldig auf Sie, wartet darauf, dass Sie sich bewusst werden, dass all das bereits in der Gegenwart existiert.

Ihr wahres Selbst ist das ruhige, stille, bewusste Gewahrsein, welches sich des Moments, der gerade geschieht, bewusst ist. Und dieses Gewahrsein ist bereits friedlich, vollkommen zufrieden und voller Liebe. Sie sind nicht davon getrennt, doch durch das Nachdenken über die Vergangenheit und die Zukunft entziehen Sie ihm womöglich Ihre Aufmerksamkeit.

Denken Sie in Zukunft immer daran

Den Frieden in Ihren äußeren Lebensumständen zu suchen – im Kopf (indem Sie nicht mehr denken), in den Emotionen (indem Sie nur noch positive Gefühle hegen), in Ihrem physischen Körper (indem er gesund ist und so aussieht, wie Sie das gerne hätten) oder auch im Beruf und den Finanzen, Ihren Beziehungen und jeglichen anderen Aspekten –, *das funktioniert nicht!*

Sie müssen mir das nicht glauben; Ihre persönlichen Lebenserfahrungen sind Beweis genug dafür! Wenn Sie also bislang mit Ihren Versuchen, Ihren Körper, Ihren Geist und Ihr Leben zu verändern, zu verbessern und zu perfektionieren, keinen Frieden gefunden haben, dürfte es Zeit für eine neue Strategie sein.

Sie fühlen das, worauf Sie sich fokussieren. Liegt Ihr Fokus auf Dingen, die sich ständig verändern und nicht Ihrer Kontrolle unterliegen, dann ist es auch kein Wunder, dass Sie keinen Frieden verspürt haben. Doch wenn Sie Ihre Aufmerksamkeit auf die Ruhe lenken, auf den Raum und auf die Stille, wird sich Frieden ganz natürlich einstellen.

Es kann wirklich so einfach sein.

WIR WOLLEN EIN SPIEL SPIELEN

Den Moment bemerken

Wir wollen ein Spiel spielen, damit Sie das, wovon hier die Rede ist, auch erfahren. Es gibt für dieses Spiel drei goldene Regeln, an die Sie sich halten müssen, um sofort in den Genuss der Vorteile zu kommen:

- **REGEL #1: Sie können das Spiel nicht falsch spielen.**
  Also spielen Sie einfach wie ein Kind. Als Kind spielte ich stundenlang mit einem Karton und ein paar Löffeln und stellte mir dabei vor, ich säße in einem Boot. Ich konnte

nichts »falsch« machen, weil ich ja nur spielte. Versuchen Sie also nicht, es »richtig« zu machen, spielen Sie einfach, erforschen Sie ganz unschuldig und sehen Sie, was passiert.

- **REGEL #2: Sie können das Spiel nicht später spielen.**
  Damit meine ich, Sie können das Spiel nur jetzt spielen. Versuchen Sie also nicht, zu analysieren, was ich da von Ihnen verlange, oder es für später einzuplanen. Spielen Sie einfach, jetzt sofort.

- **REGEL #3: Sie können nicht darüber nachdenken, das Spiel zu spielen.**
  Sie können das Spiel einfach nur spielen, es tun. Wenn es für Sie nicht funktioniert, dann sind Sie im Kopf und denken darüber nach, anstatt im Moment zu sein und das zu erfahren, worauf ich Sie aufmerksam machen will.

Gefallen Ihnen die Regeln? Super, dann wollen wir mal loslegen.

Während Sie diese Zeilen lesen, haben Sie – davon gehe ich aus – die Seite offen vor sich liegen bzw. auf dem Bildschirm angezeigt. Bitte schauen Sie auf diese Seite und nehmen Sie dabei Ihre linke Schulter wahr. Dazu müssen Sie sie weder anschauen noch bewegen, sich einfach darauf einstellen und sie bemerken.
  Okay? War das leicht für Sie? Super, dann wollen wir weitermachen.

Jetzt nehmen Sie Ihren rechten Fuß wahr und schauen dabei weiterhin auf die Seite vor Ihnen. Sie können weiterlesen. Sie müssen nicht mit den Zehen wackeln oder sonst etwas machen. Richten Sie einfach Ihre Aufmerksamkeit auf den rechten Fuß und nehmen Sie ihn jetzt wahr.
  Okay? Ging das immer noch ganz einfach? Toll, dann geht's weiter.

Jetzt nehmen Sie bitte den Raum zwischen sich und dieser Seite wahr, und zwar ohne zu überlegen, was ich da eigentlich von Ihnen will. Machen Sie das einfach jetzt. Sie müssen nicht zwischen sich und der Seite herumschauen; blicken Sie einfach weiterhin auf die Seite vor Ihnen und nehmen Sie wahr, dass dieser Raum existiert. Er war die ganze Zeit da; und jetzt bemerken Sie ihn auch, während Sie den Blick immer noch auf die Seite gerichtet haben.

Immer noch einfach? Okay, und weiter geht's.

Jetzt nehmen Sie bitte den Raum um die Seite herum wahr, aber nicht, indem Sie direkt diesen Raum anschauen; Sie nehmen ihn einfach wahr und schauen dabei weiterhin geradeaus auf die Seite. Nehmen Sie den Raum um die Seite herum für ein paar Augenblicke wahr, bevor Sie weitermachen.

Sie machen das toll!

Jetzt nehmen Sie den Raum im gesamten Zimmer wahr. Sie legen sozusagen den Schalter in Ihrem Gewahrsein um und wechseln mit Ihrer Aufmerksamkeit auf den Raum im gesamten Zimmer. Dabei achten Sie darauf, wie das für Sie ist.

Welche innere Erfahrung machen Sie beim Wahrnehmen des Raums im gesamten Zimmer? Bitte denken Sie daran, den Blick immer nach vorne zu richten und nicht im Zimmer herumzuschauen, um den Raum zu finden bzw. zu sehen. Sie können mir glauben, er ist da! Sie sollen nur weiterhin den Raum im Zimmer wahrnehmen. Mit welchem Wort bzw. welchen Worten könnten Sie Ihre Erfahrung beim Wahrnehmen des Raums jetzt beschreiben?

Ich habe wirklich Hunderten von Leuten diese Aufgabe gestellt. Häufige Antworten lauteten: »Ruhig«, »friedlich«, »still«, »offen«, »weit«, »leicht«, »beruhigend«, »daheim« und »befreiend«.

Und mit welchem Wort bzw. welchen Worten könnten Sie Ihre Erfahrung des Raums im gesamten Zimmer beschreiben?

TOP-TIPP – Vertrauen Sie Ihrer ersten Antwort

Lassen Sie beim Versuch, den Raum zu beschreiben, nicht mit Ihrer Wahrnehmung dieses Raumes nach; sonst fangen Sie bloß an zu denken und erfahren dann nicht mehr. Nehmen Sie einfach wahr und vertrauen Sie den ersten Worten, die Ihnen kommen.

Nun machen wir weiter. Bitte nehmen Sie wahr, dass *dieser Augenblick gerade geschieht*. Dass Sie dort sitzen und *dieses* Wort lesen. Beobachten, wie *dieses Wort* gelesen wird. Und nun *dieses Wort*. Nehmen Sie nur wahr, dass dieser Augenblick gerade geschieht. Wie ist dieses stille Wahrnehmen? Nichts tun, nur ganz ruhig beobachten, wie dieser Moment geschieht.

Mit welchen Worten könnten Sie Ihre Erfahrung dabei beschreiben? Häufig wird sie als »ruhig«, »friedlich«, »still«, »weit«, »offen« und »frei« beschrieben.

Erfahren, wie sich bewusstes Gewahrsein anfühlt

Gut gemacht! Mit dieser Übung werden Sie durch Wahrnehmen bewusst. Und durch dieses bewusste Gewahrsein werden Sie präsent, denn Ihr wahrnehmendes Gewahrsein ist immer da. Ihr Gewahrsein kann immer nur *dieses* Augenblicks gewahr sein. Und selbst wenn Sie sich Ihres Gewahrseins nicht gewahr sind, weil Sie von Gedanken und Emotionen über die Vergangenheit und die Zukunft abgelenkt werden, nimmt Ihr Gewahrsein doch dauerhaft diesen Moment wahr, immer nur diesen Moment – ein stiller Beobachter, der hinter Ihren Augen sitzt und beobachtet. Und wenn Sie präsent werden, erfahren Sie umgehend, wie Ihr Gewahrsein ist. Gewahrsein ist von Natur aus ruhig und still und weit, und genau das werden Sie erfahren. Anders ausgedrückt, werden Sie die Erfahrung von mehr Ruhe, Frieden, Stille, Weite etc. machen.

Und falls Zweifel auftauchen?

Der Geist ist Bewegung; er besteht aus auftauchenden und vorübergehenden Gedanken über die Vergangenheit und die Zukunft. Ihr Geist kann die Erfahrung ruhigen, stillen Raums nicht nachahmen, und das heißt, Sie stehen wirklich über Ihrem Geist, im gegenwärtigen Augenblick, wenn Sie den Großteil Ihrer Aufmerksamkeit auf die Präsenz des ruhigen, stillen Raums im Hier und Jetzt legen.

Mit diesem Wissen sparen Sie sich die Verwirrung dahingehend, ob Sie denn nun präsent sind oder nicht, und können sich darauf verlassen, dass Sie immer dann, wenn Sie sich überlegen, ob Sie im Moment präsent sind, ganz sicher nicht präsent sind!

TOP-TIPP – Durch Übung zu dauerhaftem Frieden finden

Spielen Sie dieses Spiel so oft wie möglich. Bemerken Sie den Raum zwischen sich und anderen Leuten, wenn Sie sich mit ihnen unterhalten, oder den Raum zwischen sich und Ihrem Computer. Achten Sie auf den Raum um Objekte herum – seien das nun Menschen, Ihre Teetasse oder Ihr Fernseher. Bemerken Sie den Raum in den Räumlichkeiten, in denen Sie sich befinden – ob das nun Ihr Büro ist, der Supermarkt oder die Küche. Nehmen Sie wahr, nehmen Sie wahr, nehmen Sie wahr! Und denken Sie an die drei goldenen Regeln und tun Sie jedes Mal, als ob dies für Sie das erste Mal wäre.

Wie Sie bemerken werden, ist jedes Mal, wenn Sie das tun, mehr Frieden da als einen Moment zuvor, als Sie noch nicht bewusst wahrgenommen haben. Und was vielleicht noch wichtiger ist: Es funktioniert jedes Mal! Warum ist das so wichtig? Weil es Ihnen die Chance gibt, herauszufinden, dass Sie durch Bewusstwerden auch präsent werden, und wenn Sie präsent sind, erfahren Sie Frieden. Ist das nicht wunderbar?

Der Frieden hat Sie nie verlassen, sondern Sie haben ihn verlassen!

Spielen Sie dieses Spiel immer wieder, dann nehmen Sie jedes Mal, wenn Sie sich der zugrunde liegenden Realität des gegenwärtigen Moments bewusst werden, die Präsenz des Friedens wahr. Sie merken, dass Ihr Gewahrsein der dauerhafte Aspekt von Ihnen und ruhig, still und friedvoll ist. Und Sie können wunderbarerweise entdecken, dass der Frieden Sie nie verlassen hat; vielmehr haben Sie den Frieden verlassen, einfach indem Sie sich mit Gedanken und Denken beschäftigen und dadurch Ihre Aufmerksamkeit von diesem Moment weglenken.

Dauerhafter Frieden beginnt jetzt

Der Wunsch nach dauerhaftem Frieden ist etwas ganz Natürliches und Wunderbares. Und ich habe eine tolle Nachricht für Sie: Dauerhafter Frieden *ist* tatsächlich möglich. Doch angesichts dieser aufregenden Möglichkeit sollten Sie nie vergessen:

Das Leben geschieht nur jetzt. Lebenslanger Frieden heißt also: zu einhundert Prozent jetzt im Frieden sein.

Möchten Sie den Frieden zu einer dauerhaften Erfahrung machen, räumen Sie der inneren Aufmerksamkeit auf dem ruhigen, stillen Raum im Jetzt höchste Priorität ein.

Soll sich doch die Zukunft selbst um sich kümmern! Das Einzige, was zählt, ist der Fokus Ihrer Aufmerksamkeit im jetzigen Moment.

Konzentrieren Sie sich hauptsächlich auf Bewegung oder auf Ruhe, auf Geräusche oder auf Stille, auf Zeug oder auf Raum? Wenn Sie sich darüber Sorgen machen, ob Ihr Frieden denn nun dauerhaft ist oder nicht, haben Sie Ihre Aufmerksamkeit bereits von der Präsenz des Friedens im Jetzt abgezogen und sind im Kopf in die Zukunft gewandert.

Seien Sie im Hier und Jetzt. Verweilen Sie jetzt in der Ruhe, dann ist Ihr Frieden, wie Sie feststellen werden, dauerhaft – und das war er schon immer!

»Was du suchst,
ist das, was sieht.«

HL. FRANZ VON ASSISI

KAPITEL SIEBEN

Vom Misserfolg zum Erfolg in Sekundenschnelle

· · · · · · · · · · · · · ·

DURCH BEWUSSTHEIT DES KONTEXTS INNEREN ERFOLG KREIEREN

»D**as Himmelreich ist in uns**« – diese Botschaft verkünden viele spirituelle Lehrer. Ich glaube, wenn die Menschen vor die Wahl gestellt würden, dann zögen wohl alle den Himmel der Hölle vor, und zwar Tag für Tag. Doch die große Frage lautet: *Wie denn?*

Ich selbst habe mich damit beschäftigt, herauszufinden, wie ich noch in diesem Leben Nirwana erreichen kann. Unter anderem meditierte ich zehn Wochen lang auf der Insel Patmos Tag und Nacht und verbrachte danach noch einmal vierzehn Wochen in den Bergen von Mexiko; seitdem nahm ich an weiteren Meditations-Retreats teil.

In diesen langen Phasen der Meditation und natürlich auch während meiner täglichen Meditationspraxis habe ich herausgefunden, dass das im vorigen Kapitel vorgestellte Inhalt-Kontext-Modell als eine Art Landkarte dienen kann, um uns von Problemen zu befreien und das zu genießen, was man wohl am besten als *Himmel auf Erden* beschreiben kann.

Wir wollen also mit unseren Forschungen weitermachen und noch tiefer in den Kontext von … *allem* eintauchen.

Wie wir im letzten Kapitel herausgefunden haben, existieren Inhalte – Zeug, Geräusche und Bewegung – im Kontext eines ruhigen, stillen Raums. Indem wir unsere Aufmerksamkeit auf den Kontext lenken, gelingt es uns, weniger zu denken, indem wir den Frieden, der immer da ist, entdecken. Doch das ist nicht der einzige Nutzen, den das Erforschen des geistigen Kontexts uns bringt. Das ist vielmehr nur der Anfang.

INHALT	KONTEXT
Zeug	Raum
Geräusche	Stille
Bewegung	Ruhe

Wir wollen nun einmal überlegen: Auf welcher Seite existiert Ihrer Meinung nach der Geist: auf der Inhalts- oder der Kontextseite?

Wenn ich meinen Zuhörern diese Frage stelle, halten viele Leute den Geist für den Kontext, doch das stimmt nicht. Um ihnen einen neuen Blickwinkel zu eröffnen, frage ich dann oft: Woher wisst ihr, dass ihr einen Geist habt? Und nach einer kleinen Pause lautet die Antwort normalerweise in etwa so: »Weil ich mir des Geistes bewusst bin.« Daraus ergibt sich offenkundig, dass der Geist der Inhalt und Ihr bewusstes Gewahrsein der Kontext ist.

> *Auch wenn Ihr Geist den Inhalt nicht fühlen mag,*
> *ist er doch der Inhalt.*

Ohne Gewahrsein gäbe es nichts, mit dem Sie sich des Geistes bewusst sein könnten. Anders ausgedrückt, Sie könnten nicht wissen, welche Gedanken Sie haben, ohne bewusstes Gewahrsein, das sich dieser Gedanken bewusst ist. Das mag offensichtlich sein, aber um zu lernen, weniger zu denken, ist es von fundamentaler Bedeutung.

INHALT	KONTEXT
Geist	Bewusstheit

Die meisten Menschen sind auf den Inhalt des denkenden Geistes fixiert, weil sie vergessen haben, dass Gedanken im Kontext der Bewusstheit existieren. Sie fokussieren sich so sehr auf den Inhalt des Geistes, dass nur noch wenig Aufmerksamkeit, wenn überhaupt, übrig bleibt, mit der sie das Gewahrsein wahrnehmen können, welches sich ihres Geistes bewusst ist. Sie konzentrieren sich so sehr auf die Vögel, dass ihnen der Himmel entgeht. Dadurch verlieren sie sich so sehr in ihren Gedanken, dass sie die göttliche Präsenz des ruhigen, stillen Friedens verpassen, in welcher all ihre Gedanken existieren.

Ist Ihnen schon einmal aufgefallen, dass Sie auch dann noch existieren, wenn Sie nichts denken?

Wenn Sie das Gedankenzähl-Spiel im zweiten Kapitel spielen, finden Sie lustigerweise heraus, dass Gedanken kommen und gehen. Und nicht nur das; noch wichtiger ist, dass es im Zustand der Superwachsamkeit Raum zwischen den Gedanken gibt.

Was für ein ruhiger, stiller Raum ist das? Was existiert weiterhin, auch wenn keine Gedanken auftreten? Die Antwort: *Gewahrsein*. Ihr bewusstes Gewahrsein ist der dauerhafte Aspekt von Ihnen, die immer offen stehende Tür zu den ewigen Geschenken, die im gegenwärtigen Moment existieren.

Wann existiert das Jetzt?

Jetzt wollen wir einmal den Geist hinter uns lassen und eine Frage stellen, die mit *Zeit* zu tun hat, nämlich: *Wo existiert die Zeit eigentlich?* Um darauf eine Antwort zu finden, überlegen Sie, wie Sie Zugang zur Vergangenheit und zur Zukunft erhalten. Erinnern Sie sich daran, wie Sie das vorige Kapitel gelesen haben. Wo existiert dieser Augenblick jetzt? In Ihrem Kopf, nicht wahr? Und was ist mit dem Moment, wenn Sie dieses Buch zu Ende gelesen haben werden? Diesen zukünftigen Augenblick können Sie nur mithilfe Ihrer Vorstellungskraft über Ihren Geist betreten. Und das heißt: *Die Zeit existiert im Geist.*

Ja, ich gebe zu, Tage werden zu Nächten und wieder zu Tagen, der Körper altert, und im Kalender verstreichen Tage und Monate. Doch jede Zeit außer dem jetzigen Augenblick ist nur über den Geist und die Vorstellungskraft zugänglich.

Diese Entdeckung kann ganz schön aufregend sein, wenn in der Vergangenheit etwas Schlimmes passiert ist oder Sie sich

Sorgen über die Zukunft gemacht haben. Denn das bedeutet: Wenn etwas nicht gerade jetzt geschieht, mussten Sie, um sich deswegen schlecht zu fühlen, in die Vergangenheit bzw. Zukunft gehen, und zwar durch Denken im Kopf. Aber wenn Sie lernen, sich *dieses* Augenblicks bewusst zu bleiben, können Sie die Vergangenheit und die Zukunft loslassen und die Ruhe und Gelassenheit *dieser* Sekunde genießen.

INHALT	KONTEXT
Zeit	Gegenwärtiger Moment

Und das heißt auch: Um zu lernen, präsenter zu sein, können Sie es sich angewöhnen, sich des ruhigen, stillen, weiten Kontexts dieses Augenblicks bewusst zu sein; diese Praxis nenne ich *Kontext-Bewusstheit*.

Das Beurteilungsspiel

Wenn sich Geist und Zeit zusammentun, können sie dramatische Auswirkungen auf Ihre Gelassenheit und Ihren Erfolg haben. Der Geist kann die Vergangenheit und die Zukunft dazu nutzen, um Vergleiche anzustellen, wie etwas war und wie etwas in Zukunft besser sein könnte. Das nenne ich »das Beurteilungsspiel«.

Der Geist macht sich die Zeit zunutze und verleiht dem Leben gern einen Sinn, indem er alles, was geschieht, in eine Schublade steckt. Ereignisse im Leben werden als »gut« oder »schlecht«, »besser« oder »schlechter«, »richtig« oder »falsch« beurteilt, und anhand dieses Urteils entscheiden Sie, ob Sie etwas, was geschehen ist, gerade geschieht oder geschehen könnte, zulassen oder dagegen Widerstand leisten sollten. Kommt bei dieser Gleichung für Sie das Urteil »gut«, »besser« oder »richtig« heraus, ist das Problem nicht so offensichtlich; doch wenn das Urteil »schlecht«,

»schlimmer« oder »falsch« lautet, kann das zu Stress, negativen Emotionen und einem Leben voller Probleme führen.

> »Nichts ist entweder gut oder schlecht;
> das Denken macht es erst dazu.«

WILLIAM SHAKESPEARE

Wird das Leben negativ beurteilt, sagen Sie zum Leben innerlich »Nein« anstatt »Ja«. Dieses innere Nein erzeugt einen Konflikt zwischen innerem und äußerem Erleben, welcher Ihrem Frieden und Ihrem Wohlstand abträglich ist. Es entsteht daraus eine innere Lebensangst; Sie leben eher im Kampf-oder-Flucht-Überlebensmodus und sind weniger kreativ. In einer solchen Situation wird das Leben sehr schwarz-weiß gemalt, und mit viel Energieaufwand und Mühe wird dann oft versucht, das Leben dazu zu zwingen, so zu sein, wie es Ihrer Meinung nach sein sollte.

Doch leider sind die negativen Folgewirkungen des Beurteilungsspiels damit noch lange nicht zu Ende. Wer »Nein« zu den Geschehnissen des Lebens sagt, fühlt sich oft auch gedrängt, dem, was geschehen ist, gerade geschieht oder geschehen könnte, Widerstand entgegenzusetzen. Ein solcher Widerstand gegen das Leben setzt nicht nur den Körper ungesundem Stress aus, sondern stellt auch die verborgene Ursache vieler negativer Emotionen wie Frust oder Angst dar.

INHALT	KONTEXT
Beurteilung	Istheit
Probleme	Vollkommenheit
Inneres Nein	Inneres Ja
Widerstand	Zulassen
Negative Emotionen	Positive Emotionen

Die positive Nebenwirkung der Istheit

Doch es gibt auch ein paar sehr gute Neuigkeiten! Wenn Sie mutig genug sind, dem Urteilsdenken Ihre Aufmerksamkeit zu entziehen, passiert etwas sehr Magisches: Das Leben ist nicht mehr gut oder schlecht, richtig oder falsch, besser oder schlechter, und Sie erkennen, dass alles einfach *ist*. Ja, oberflächlich betrachtet scheint so manches manchmal schlecht, falsch oder schlimmer zu sein, aber Sie können auch nicht leugnen, dass das Leben gleichzeitig etwas hat, was man als geheimnisvolle »Istheit« beschreiben könnte.

Ruhiges, stilles, weites Gewahrsein zerbricht nicht, wird nicht krank oder schlecht. Es ist immer vollkommen, ganz und vollständig, genau so, wie es ist. Es steht jenseits aller Beurteilungen, denn es steht jenseits des Geistes. Man könnte auch sagen, der Kontext ist der Nicht-Geist.

Meiner Erfahrung nach erlebe ich immer mehr innere Vollkommenheit im Leben, je mehr ich meine Aufmerksamkeit auf den Kontext fokussiere, und zwar ganz unabhängig davon, ob mein Kopf das Leben nun als vollkommen beurteilt oder nicht. Und um es deutlich zu sagen: Bis zum heutigen Tag beurteilt mein Geist viele Aspekte meines Lebens als unvollkommen. Doch indem ich mich aktiv entscheide, meine Aufmerksamkeit durch Kontext-Bewusstheit nach innen auf den ruhigen, stillen Raum zu legen, mache ich trotz der Meinungen meines beurteilenden Geistes eben das, was ich im Leben tun und erledigen muss, und erlebe gleichzeitig die innere Vollkommenheit und Schönheit der Präsenz, die bewusstem Gewahrsein innewohnt.

Sie ignorieren keineswegs die Geschehnisse in Ihrem Leben, sondern die Urteile Ihres Geistes über Ihr Leben. Und so tun Sie das, was Sie tun müssen, um Ihren Körper, Ihr Leben und die Welt besser zu machen, und sind sich gleichzeitig der inneren Präsenz des Friedens und der Vollkommenheit bewusst.

Ob Sie es nun glauben oder nicht: Durch Erkenntnis der Istheit des Lebens können Sie sehr viel Gelassenheit und Erfolg genießen. Durch Fokus auf den Kontext ruhen Sie in einem inneren Ja, der diesen Moment genau so sein lässt, wie er ist. Daraus resultieren Frieden und jede Menge anderer positiver emotionaler Erfahrungen wie Zufriedenheit, Freude und Liebe.

Vom Misserfolg zum Erfolg in Sekundenschnelle

Woher wissen Sie, ob Sie erfolgreich sind? Hängt das vom Stand Ihres Bankkontos ab? Oder der Größe Ihres Hauses? Davon, wie viele Autos Sie haben, oder ob Ihnen irgendwelche Preise verliehen werden? Was ist für Sie Erfolg?

Dieses Buch kann durchaus zu mehr Erfolg im äußeren Leben beitragen, denn es verhilft zu mehr Selbstvertrauen und Kreativität und versetzt Sie in die Lage, mehr mit weniger Stress erledigt zu bekommen; doch hier geht es beim Inhalt-Kontext-Modell eher darum, sich innerlich erfolgreich zu fühlen. Und für viele Leute ist das wichtig, um sich überhaupt erfolgreich zu fühlen.

In meinen Praxen und Retreats habe ich mit vielen höchst erfolgreichen Geschäftsleuten zu tun und dabei beobachtet, dass wahrer Erfolg nichts Äußerliches ist. Viele Millionäre, mit denen ich gearbeitet habe, haben beruflich und privat im Leben mehr erreicht, als sich die meisten Menschen auch nur träumen können. Doch trotz dieses äußeren Erfolgs haben sie nicht unbedingt das Gefühl, erfolgreich zu sein.

INHALT	KONTEXT
Misserfolg	Erfolg

Einer der Hauptgründe für dieses sehr verwirrende Dilemma ist die Tatsache, dass sie sich trotz ihrer Reichtümer innerlich nicht erfolgreich *fühlen,* weil sie komplett auf den beschränkten Inhalt ihres Lebens fokussiert sind. Solange Ihnen ein sehr wichtiger Aspekt Ihres wahren Selbst und Ihrer Realität entgeht, können äußere Besitztümer oder gesellschaftlicher Status keine Erfüllung bringen. In der Fülle des Kontexts Ihres Lebens zu ruhen, kostet nichts. Wenn Sie Ihre Aufmerksamkeit durch Kontext-Bewusstheit verlagern, können Sie auf der Stelle die Fülle, Vollständigkeit und den Erfolg verspüren, die jedem Menschen offen stehen, für die Sie nicht erst Ihren Wert beweisen müssen und die nichts damit zu tun haben, welche Qualifikationen, Fähigkeiten oder Gelegenheiten Sie mitbringen.

Ruhe im Innern = Erfolg im Außen

Ruhe ist keineswegs gleichbedeutend mit Müßigkeit und Nichtstun – ganz im Gegenteil! Wenn Sie sich innerlich der Ruhe bewusst sind, beruhigt sich auch der Geist, und Sie verfügen auf natürliche Weise über mehr Präsenz, Intuition und Kreativität. Dann betreten Sie einen hoch effektiven Seinszustand, wie er vielen Sportlern und Künstlern sehr vertraut ist, »Flow« genannt, ein Zustand vollständiger Präsenz, in dem der denkende Kopf nicht im Weg steht.

Sie werden sich wundern, wie viel Sie erreichen können, wenn Sie mit einem klaren Geist im Hier und Jetzt leben. Ich persönlich verweile fast immer in diesem ruhigen, stillen Zustand: wenn ich meine Bücher schreibe, mit Klienten in meinen *Mind-Detox*-Praxen arbeite, Retreats veranstalte oder an meiner Akademie Ausbildungskurse gebe. Das Leben ist auf diese Weise viel effektiver und angenehmer! Während ich dieses Buch schreibe, bin ich gleichzeitig mit dem Schreiben von drei weiteren Büchern beschäftigt, ganz ohne Stress oder Anstrengung; ich leite nebenher Veranstaltungen und pflege meine sozialen Kontakte!

Ruhe macht Erfolg einfacher. Damit meine ich nicht körperliche Ruhe bzw. Bewegungslosigkeit, sondern das aufmerksame

Wahrnehmen der Präsenz eines ruhigen, stillen Raums in Ihrem Gewahrsein. Dadurch werden Sie präsent, und aus der Perspektive des Hier und Jetzt kommt es nicht zu sinnlosem Stress, auch wenn Sie eine hohe Arbeitsbelastung haben.

Sind Sie voll präsent, richten Sie Ihre ganze Aufmerksamkeit auf das, was Sie gerade tun. Das Jetzt ist das Unmittelbare, und in diesem unmittelbaren Jetzt können Sie immer nur ganz wenig tun.

Ein Beispiel: Ein Buch zu schreiben ist eine schwierige, potenziell stressbeladene Aufgabe, doch dieses *Wort* aufzuschreiben ist ganz leicht und mühelos. Wenn Sie bei allem, was Ihre Aufmerksamkeit erfordert, präsent dabeibleiben, gehen Sie das an, was *jetzt direkt* vor Ihnen liegt, gehen dann zur nächsten Aufgabe über, und dann ist die nächste an der Reihe … Und bevor Sie sich versehen, haben Sie ein Buch geschrieben, eine Firma aufgebaut oder etwas ziemlich Spektakuläres erreicht: alles mit sehr wenig Stress, aber mit sehr viel Gelassenheit und Ruhe.

So genießen Sie die Reise in vollen Zügen, und das Ziel, das Sie dann erreichen, ist nichts, was Sie unbedingt brauchen, sondern sozusagen eine Zugabe. Mit Kontext-Bewusstheit fließt das Leben frei und einfach dahin.

Das Gegenteil von Kontrolle ist Freiheit

Solange die Fähigkeit der Kontext-Bewusstheit nicht entwickelt ist, wird das Leben unter Umständen zur Hölle. Wer darunter leidet, verbringt das Leben damit, sein Leben zu verpassen, denn unaufhörliche Gedanken über die Vergangenheit und die Zukunft lenken zu sehr vom Leben ab. Die Freude am Leben schwankt auf und ab, je nachdem, wie das Beurteilungsspiel ausgeht. Lautet das Urteil »schlecht«, »schlimmer« oder »falsch«, dann fühlt sich das Leben vielleicht an wie eine Reihe nicht enden wollender Probleme, die gelöst oder vermieden werden müssen. Solche Menschen kommen nie an.

Verläuft etwas nicht nach Plan, wird dem Leben Widerstand entgegengesetzt, und wie wir ja inzwischen wissen, entstehen daraus unnötiger Stress und Kummer, ganz zu schweigen von dem Gefühl, ein Versager zu sein, egal, wie viel man geleistet hat, denn der Kopf redet einem überzeugend ein, man sei immer noch nicht wirklich »so weit«. Und in dem Bestreben, Dinge zu verbessern und »dahin« zu kommen, neigen Menschen, die sich in den Inhalten des Lebens verlieren, dazu, ihr Leben zu sehr kontrollieren, manipulieren und managen zu wollen, und der ganze bedauerliche Teufelskreis geht immer so weiter.

Doch zum Glück gibt es auf der anderen Seite die Freiheit, die auf jeden wartet, der bereit ist, das Leben anders anzugehen. Je besser es Ihnen gelingt, im Frieden des Kontext-Gewahrseins zu verweilen und das Leben seinen Gang gehen zu lassen, desto weniger müssen Sie die Geschehnisse kontrollieren. Und Sie erkennen, dass das Gegenteil von Kontrolle Freiheit ist. Damit will ich sagen: Je weniger Sie das Leben unter Kontrolle halten müssen, desto freier sind Sie. Und je freier Sie sind, desto mehr Gelassenheit und Erfolg verspüren Sie – ganz automatisch und natürlich.

Ich kenne niemanden, der lieber die Hölle als den Himmel wählen würde, wenn er die Wahl hätte. Gehen Sie einen Schritt zurück und schauen Sie erneut die Listen an, die wir im Folgenden noch einmal zusammenfassen. Hoffentlich ist Ihnen nun sehr viel klarer, dass es sehr unattraktiv ist, sich in Inhalten zu verlieren, verglichen mit der Ruhe der Kontext-Bewusstheit.

Gehen Sie zurück zum Kontext, dann sind Sie präsent und erfahren die Vollkommenheit der Istheit und die Gelassenheit, die sich einstellt, wenn Sie das Urteilsdenken aufgeben und statt-dessen innerlich »Ja« zum Leben sagen.

ZUSAMMENFASSUNG:
Inhalt-Kontext-Modell

INHALT	KONTEXT
Zeug	Raum
Geräusche	Stille
Bewegung	Ruhe
Geist	Bewusstheit
Zeit	Gegenwärtiger Moment
Beurteilung	Istheit
Problem	Vollkommenheit
Inneres Nein	Inneres Ja
Widerstand	Akzeptanz
Stress	Gelassenheit
Negative Emotionen	Positive Emotionen
Misserfolg	Erfolg
Kontrolle	Freiheit

Der Zusammenhang zwischen Problemen und Denken

Es gibt einen direkten Zusammenhang zwischen Auffassungen, die das Leben als schlecht, falsch oder schlimmer beurteilen, und zwanghaftem übermäßigem Denken. Der Geist liebt Probleme über alles und sucht höchst aktiv nach Lösungen.

Wenn Sie also weiterhin Ihre Lebensumstände als falsch beurteilen, macht Ihr Kopf nach wie vor Überstunden. Doch wenn Sie das Leben so sein lassen, wie es eben ist, haben Sie, wie Sie feststellen werden, sofort weniger das Bedürfnis zu denken; Ihr Geist kommt zur Ruhe, und diese innere Ruhe sowie Erfolg sind Ihre Belohnung.

Kontext-Bewusstheit pflegen

Die Aufmerksamkeit vom Inhalt auf den Kontext zu verlagern ist eine der wichtigsten Fähigkeiten überhaupt. Damit können Sie sich für immer vom problembasierten Denken befreien und den Himmel auf Erden erleben.

Und wie können Sie diesen Wandel bewirken? Eine der wirksamsten Möglichkeiten, die Kontext-Bewusstheit zu pflegen, ist natürlich die Meditation. Doch obwohl Meditation anerkanntermaßen ein sehr mächtiges Mittel gegen zu viel Denken ist, ist sie von vielen Mythen umrankt – was immer wieder Frust verursacht, anstatt befreiend zu wirken. Damit Sie diesen Missverständnissen nicht auf den Leim gehen und darunter leiden, wollen wir uns im nächsten Kapitel diese Mythen einmal genauer anschauen.

Sobald du den Geist beiseitelässt,
tauchst du in die Welt
der Meditation ein.
In tiefer Meditation verspürst du
eine große Gelassenheit
und innere Ruhe.

OSHO [2]

KAPITEL ACHT

Zehn Mythen über Meditation

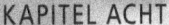

WARUM MEDITIEREN EINFACHER IST, ALS SIE DENKEN

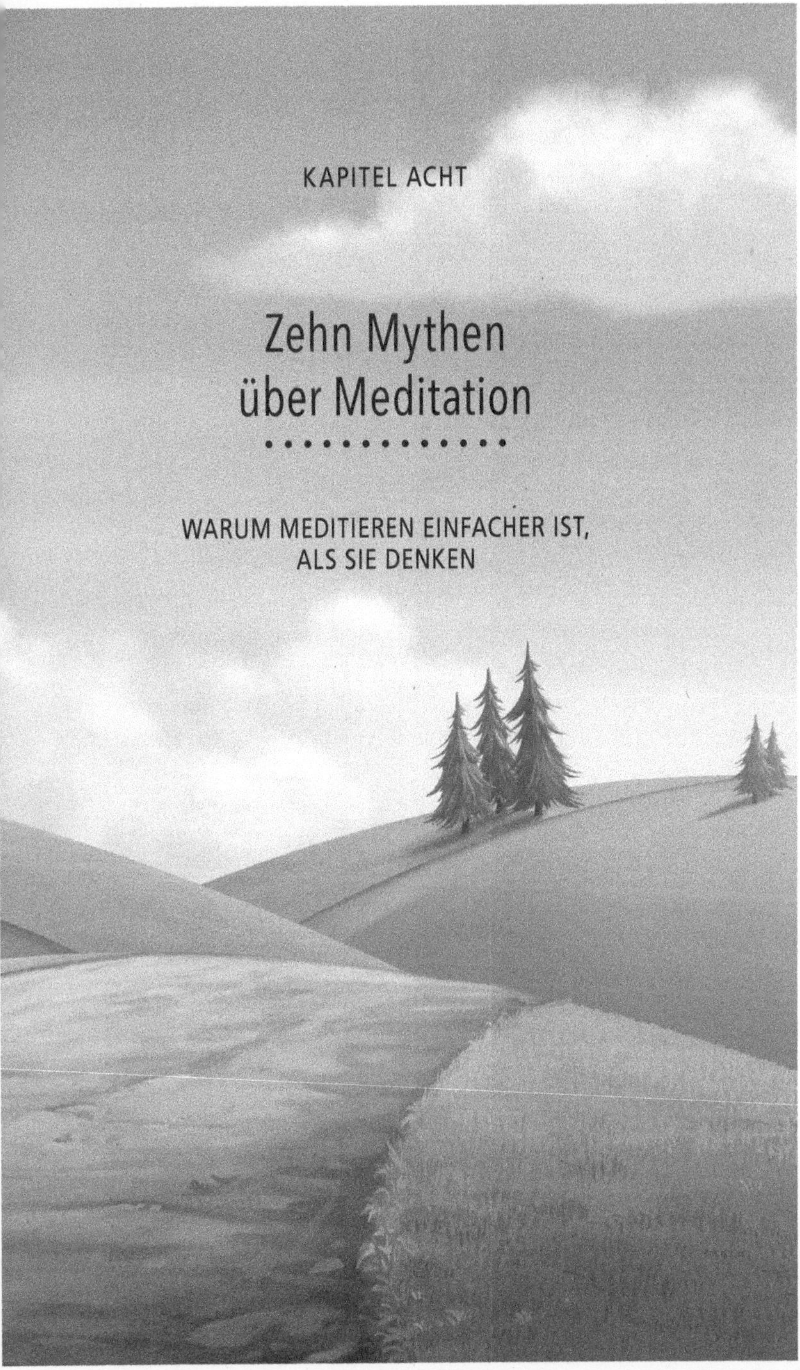

Das Meditieren mit geschlossenen Augen dient vielen Zwecken, von Stressabbau bis hin zur spirituellen Erleuchtung. Ich persönlich fing mit dem Meditieren an, weil ich von meinem ständig arbeitenden Kopf genug hatte. Ich wollte Ruhe und Frieden; und durch das regelmäßige Meditieren fokussiere ich mich nicht mehr so sehr auf die Bewegungen meines Geistes und bin mir viel stärker des inneren Friedens bewusst, der immer da ist.

Rückverbindung zum wahren Selbst

Durch Meditation werden Sie sich Ihrer Essenz bewusst, und zwar, indem Sie die Beziehung zu Ihrem Geist verändern. Sie lernen, unbeteiligt zu beobachten, und hören auf, Ihr Geist zu sein, der voll und ganz in Gedanken und Emotionen aufgeht. Durch die Praxis des Beobachtens werden Sie sich des beobachtenden Gewahrseins bewusst und merken, dass Ihr Gewahrsein ruhig, still und unberührt von jeglichen zeitweiligen Bewegungen des Geistes ist – außerhalb jeglicher Bedrohung von außen. Durch regelmäßiges Üben und Anleitung können Sie ein angstfreies Leben führen; indem Sie voll bewusst sind, sind Sie eins mit der Quelle der Liebe.

ZEHN MYTHEN ÜBER MEDITATION

Doch obwohl Meditieren so einfach ist und uns so viel gibt, halten die damit verbundenen Mythen manche Leute davon ab; oder sie geben auf, bevor sie die Vorteile einer regelmäßigen Meditationspraxis genießen können. In diesem Kapitel möchte ich auf diese Mythen eingehen und Ihnen eine einfache Meditationsmöglichkeit an die Hand geben, mit der Ihnen der Einstieg erleichtert wird.

Mythos #1 – Meditieren ist schwierig.

Mit der korrekten Praxis könnte Meditieren das Einfachste und Angenehmste sein, was Sie jemals machen. Wenn etwas schwierig ist, muss man sich bemühen, anstrengen, kämpfen, sich stressen und Ausdauer an den Tag legen, aber in Wahrheit erfordert Meditieren genau das Gegenteil. Es ist mühelos, weil Sie lernen, nichts zu tun. Es gibt keinen Kampf, weil Sie nichts erzwingen. Es erzeugt keinen Stress, weil Sie keinerlei Widerstand leisten, und auch Ausdauer brauchen Sie nicht, weil der Hauptzweck der Meditation darin besteht, zur Ruhe zu kommen.

Mythos #2 – Ich muss meinen Geist beruhigen.

»Ich kann nicht meditieren, weil ich nicht aufhören kann zu denken.« Das ist einer der häufigsten Gründe, die ich von Leuten zu hören bekomme, die es mit dem Meditieren versucht, aber wieder damit aufgehört haben. Doch dabei ist wichtig zu verstehen: Gedanken sind ein natürlicher (und notwendiger) Teil der Meditation.

Beim Meditieren kommt der Körper zur Ruhe. Und während der Körper sich ausruht, heilt er. Heilung ist ein aktiver Prozess, bei dem Stress abgebaut wird. Aufgrund der Körper-Geist-Verbindung spiegelt sich die Aktivität im Körper in einem aktiven Geist wider – in Form von Gedanken. Gedanken während der Meditation sind deshalb ein Zeichen, dass Heilung im Körper stattfindet.

Die Heilung des Nervensystems ist ein wunderbarer Nebeneffekt der Meditation. Deshalb ist es nicht sinnvoll, sich gegen die Gedanken während der Meditation aufzulehnen. Widerstand gegen die Gedanken ist Widerstand gegen die Heilung! Lassen Sie stattdessen den Heilungsprozess einfach ganz natürlich seinen Lauf nehmen, indem Sie sich dem Vorhandensein von Gedanken nicht widersetzen.

Gedanken sind ein notwendiger Teil der Meditation.
Gedanken sind etwas Natürliches. Gedanken sind okay!

Mit ein wenig Übung lernen Sie, wie Sie mehr Aufmerksamkeit auf die ruhige Stille anstatt auf die Bewegung Ihrer Gedanken richten. Wenn das geschieht, ist es Ihnen egal, ob Gedanken auftreten oder nicht, weil Ihre Aufmerksamkeit nicht auf diesen Gedanken ruht.

Mythos #3 – Wenn Gedanken okay sind, dann ist es auch okay, zu denken.

Doch obwohl Gedanken okay sind, empfehle ich Ihnen *keineswegs*, bei jeder Meditation *absichtlich* zu denken. »Gedanken zu haben« und »zu denken« sind zwei völlig verschiedene Dinge. Beim Meditieren sollen Sie Gedanken einfach durch Ihr Gewahrsein fließen lassen, ohne sich darauf durch den Akt des Denkens einzulassen.

Denken geschieht, wenn Sie Ihre Gedanken nicht mehr beobachten, sondern Ihre Gedanken *sind*. Beim Denken befinden Sie sich im Gedankenstrom. Sie befinden sich im Traum, sind an der Geschichte in Ihrem Kopf beteiligt, unterhalten sich im Geist mit einem Freund, planen Ihr Abendessen oder sonst etwas.

Denken ist etwas ganz Ähnliches wie Einschlafen.

Beim Denken verlieren Sie sich im Wesentlichen im Kopf. Sie sind nicht mehr präsent und sind sich auch Ihres wahren Selbst nicht mehr bewusst. Durch regelmäßiges Meditieren gewöhnen Sie sich daran, weniger zu denken. Gehen Sie nett mit sich um, wenn Sie sich während des Meditierens beim Denken erwischen. Es ist bloß eine Gewohnheit! Und wenn Ihnen bewusst wird, dass Sie gerade wieder gedacht haben, kommen Sie einfach wieder zurück zu dem wachen, präsenten Beobachter.

Mythos #4 – Ich muss mich friedlich FÜHLEN.

Passen Sie auf, damit Sie nicht in die übliche Falle tappen, zu meinen, eine friedvolle Meditation sei besser als eine Meditation voller Emotionen. So wie Gedanken (siehe Mythos #2) sind auch Emotionen ein Zeichen dafür, dass Ihr Körper Stress abbaut und Heilung stattfindet. Und denken Sie daran: Emotionen sind etwas Vorübergehendes, doch die Präsenz des Friedens ist dauerhaft. Emotionen sind geistige *Inhalte,* Ihr Frieden dagegen ist der *Kontext* Ihres Geistes. »Negative« Emotionen zu empfinden und gleichzeitig vollkommen im Frieden sein zu können, ist eine faszinierende Erfahrung. Durch regelmäßiges Meditieren können Sie diese befreiende Erfahrung entdecken und weiterentwickeln.

Mythos #5 – Meditation ist vorbei, wenn ich meine Augen öffne.

Sie verbringen den Großteil des Tages mit offenen Augen, deshalb ist es ein Glück, dass die Hautläppchen, die sogenannten Augenlider, Ihren Frieden nicht beeinträchtigen müssen. Frieden wird erfahren, wenn Sie Ihre Aufmerksamkeit auf den ruhigen, stillen Raum in Ihrem Gewahrsein lenken; das können Sie mit offenen oder geschlossenen Augen tun. Ein Ziel der Meditation besteht darin, es sich zur Gewohnheit zu machen, ganz mühelos immer einen Teil Ihrer Aufmerksamkeit nach innen auf diesen ruhigen, stillen Raum gerichtet zu haben. Ob die Augen dabei offen oder geschlossen sind, muss nicht wichtig sein.

Mythos #6 – Der Versuch, zu meditieren, ist zwecklos, weil ich dabei einschlafe.

Ihr Körper macht beim Meditieren das, was er braucht: Falls er Schlaf braucht, wird er schlafen. Das ist völlig in Ordnung, und wenn Sie weiterhin regelmäßig meditieren, nimmt Ihr Schlafbedürfnis vielleicht ab, weil Sie lernen, im Alltag weniger gestresst zu sein. Sollten Sie allerdings jedes Mal einschlafen, probieren Sie doch einmal folgende Möglichkeiten aus, um beim Meditieren wacher zu bleiben:

- Meditieren Sie zu einer Tageszeit, zu der Sie Ihrer Erfahrung nach wacher sind.
- Sitzen Sie aufrechter (mit entsprechender Stütze sitzen Sie immer noch bequem).
- Treiben Sie vor dem Meditieren ein bisschen Sport oder Gymnastik, dann sind Sie physiologisch wacher.

Mythos #7 – Ich muss auf bestimmte Art und Weise atmen.

Bei vielen Arten der Meditation sollen Sie sich auf den Atem konzentrieren. Aber es gibt auch viele Formen, bei denen das nicht so ist. Durch den Fokus auf den Atem ist es für Sie eventuell einfacher, nicht so sehr im Kopf konzentriert zu sein, aber es ist ganz bestimmt keine Grundvoraussetzung für das Meditieren. Ich selbst praktiziere eine Form der Meditation, die sich nicht auf den Atem stützt, doch generell finde ich Atmung durchaus sehr nützlich!

Mythos #8 – Ich muss mich sehr konzentrieren.

Frieden, Freude, Liebe, Zufriedenheit und Freiheit sind natürliche Nebenprodukte bewussten Gewahrseins, im Gegensatz zur Unbewusstheit, wenn Sie im Kopf in Gedanken verloren sind. Und die gute Nachricht lautet: Meditieren ist mühelos, denn bewusst zu sein, kostet null Anstrengung. Sie sind bereits bewusst. Bewusstheit ist das, was Sie *sind* – ob Sie sich dessen nun bereits bewusst sind oder nicht.

Mythos #9 – Visualisieren ist dasselbe wie Meditieren.

Beim Meditieren lenken Sie Ihre Aufmerksamkeit weg von den Bewegungen des Geistes und hin zu dem ruhigen, stillen Raum, der in Ihrem Gewahrsein existiert; dadurch erleben Sie mehr Frieden. Bei geführten Visualisierungen dagegen müssen Sie Ihre Aufmerksamkeit auf den Geist fokussieren. So etwas kann zwar Spaß machen, aber dauerhaften Frieden bringt es nicht.

Vergessen Sie dabei nicht: Der Geist ist Bewegung, und somit kann er Ruhe und Stille nicht nachahmen. Wenn Ihre Aufmerksamkeit auf ruhiger Stille liegt, verweilen Sie also jenseits des Geistes – und das heißt: jenseits von Begrenzungen, Beurteilungen und Problemen. Wenn Sie den Geist hinter sich lassen, verweilen Sie im Herzen von allem, was gut ist.

Mythos #10 – Es dauert lange, bis sich irgendwelche positiven Effekte einstellen.

Sie profitieren vom Meditieren vom ersten Moment an. Vielleicht erleben Sie nicht unmittelbar Frieden und Freude, aber Ihr Körper hat die Chance, zur Ruhe zu kommen, gespeicherten Stress abzubauen und zu heilen. Dieser Mythos erinnert mich an eine Geschichte.

Ein 70-jähriger Mann wollte Klavierspielen lernen. Sein Sohn fragte, was das denn solle, denn es dauere ja lange, bis er spielen könne. Doch der Rentner ließ sich nicht vom Klavierspielen abhalten und verkündete seinem Sohn einfach, wenn er gleich anfange, sei er mit 75 ein viel besserer Klavierspieler, als wenn er gar nicht begänne.

Ich liebe diese Geschichte, denn mit dem Meditieren ist es praktisch genauso. Es dauert vielleicht eine Weile, bis sich wirklich Veränderungen bemerkbar machen, aber wenn Sie damit beginnen und regelmäßig praktizieren, werden Sie in den kommenden Monaten und Jahren ganz sicher viel mehr Frieden, Liebe und Glück erleben, als wenn Sie gar nicht erst anfangen!

Bonus-Mythos – Meditieren ist langweilig.

Ob etwas langweilig ist oder nicht, ist Ansichtssache, und Ihre Ansichten existieren in Ihrem Kopf. Ignorieren Sie einfach Gedanken und Emotionen, die mit Langeweile assoziiert werden, dann werden Sie schneller zum Herrn bzw. zur Herrin über Ihren Geist.

»Die meisten Menschen
schlafen. Sie werden schlafend
geboren und verbringen schlafend
ihr Leben. Sie heiraten im Schlaf,
ziehen schlafend ihre Kinder auf
und sterben im Schlaf –
ohne jemals aufzuwachen.
Sie verstehen niemals, wie großartig
und schön das ist, was wir
›menschliche Existenz‹ nennen.«

ANTHONY DE MELLO [3]

KAPITEL NEUN

Augen zu und aufwachen!

SO BLEIBEN SIE RUHIG
UND MACHEN WEITER

Motivieren Sie sich zu meditieren! Die Herrschaft über den Geist ist die Fähigkeit, das Denken nach Belieben einzustellen. Sie nutzen Ihren Geist als das wunderbare Werkzeug, das er ist, und »legen ihn beiseite«, wenn Sie fertig sind. Sie achten auf den Kontext der Stille und denken nur gelegentlich, wenn es Ihnen nützt. Den Geist beherrschen heißt nicht, ihn zu manipulieren, sondern in der Lage zu sein, seine Aufmerksamkeit willentlich auf den Geist oder davon weg zu lenken.

Somit weiß jemand, der seinen Geist beherrscht, auch, dass man sich vor Gedanken nicht fürchten muss und dass kein Gedanke die Macht hat, sich auf die Stimmung oder Liebenswürdigkeit eines Menschen negativ auszuwirken. Herrscher über den Geist haben keine Probleme, denn sie nehmen ihren Geist nicht mehr so ernst. Das ist ein wunderbar ruhiger Lebensstil – aber er erfordert Mut.

Helden gesucht, bitte drinnen bewerben

Der Weg hin zum Erwachen von unbewusstem Denken durch die Rückkehr zur Ruhe ist seit langer, langer Zeit unter allen möglichen Namen bekannt; meine Lieblingsbezeichnung ist *Pfad des Helden*. Je mehr ich meditiere, desto mehr weiß ich zu würdigen, warum er so heißt.

Ständiges Denken ist eine Gewohnheit, noch dazu eine zerstörerische. Meiner Meinung nach ist es die schädlichste Gewohnheit auf dem Planeten und erzeugt jede Menge Konflikte, führt zu Gewalt gegen sich selbst, zu Stress und Leiden.

Menschen, die innerlich im Frieden sind, fügen anderen keine Verletzungen zu. Ist Ihnen das schon einmal aufgefallen? Friedvolle Menschen wissen, dass wir über dasselbe Bewusstsein alle miteinander verbunden sind. Jemand anderen zu verletzen, bedeutet also, sich selbst zu verletzen.

Doch trotz all der Schmerzen, der Furcht und der Konflikte, die auftreten, weil wir ganz unschuldig vergessen, wer wir sind (nämlich Bewusstsein voller Frieden), weil wir denken, wir wären unsere Gedanken, und den endlosen Beurteilungen des Geistes Glauben schenken, ist das doch eine vertraute Gewohnheit, und Vertrautheit vermittelt ein Gefühl (falscher) Sicherheit. Für viele Leute hat die Vorstellung, das Denken einzustellen, etwas sehr Beängstigendes. Deshalb klammern wir uns an Gedanken und am Denken fest, so wie am Rand eines Schwimmbeckens, bevor wir das Schwimmen gelernt haben.

Ich möchte Sie an dieser Stelle beruhigen. Lassen Sie das Denken los, so wie den Rand des Schwimmbeckens, und ich verspreche Ihnen, Sie werden schwimmen! *Worin denn?*, könnten Sie fragen. Im sicheren, gelassenen Kontext des Geistes, zu dem ich Sie in den letzten paar Kapiteln hingeführt habe. Durch das Loslassen des Geistes verweilen Sie ganz natürlich im tiefen, klaren und unendlich liebevollen Meer des Bewusstseins, welches Sie schon Ihr ganzes Leben hält. Viele Menschen haben dabei das Gefühl, nach Hause zu kommen.

Mit Meditation zur Kontext-Bewusstheit

Meditation bietet einen sicheren Übungsraum, in dem Sie lernen, nicht mehr so viel zu denken. Sie können sicher zu Hause auf Ihrem bequemen Lieblingsstuhl sitzen (aber nicht so bequem, dass Sie ganz bestimmt einschlafen!) und erforschen, wie es ist, im ruhigen, stillen Kontext Ihres bewussten Gewahrseins zu verweilen. Um die Gewohnheit der Kontext-Bewusstheit zu entwickeln, müssen Sie Zeit investieren und den Mut haben, täglich zweimal für zehn Minuten innezuhalten und zu meditieren, und zwar auf jeden Fall, ganz egal, wie beschäftigt Sie laut Ihrem Kopf gerade sind und wie viel Sie zu erledigen haben. Mit diesem Engagement können Sie Berge versetzen.

Was ist CALM?

Die *Conscious Awareness Life Meditation* (abgekürzt CALM, das englische Wort für »ruhig«), also die Meditation für ein Leben in bewusstem Gewahrsein, ist leicht verständlich und angenehm. Es dauert nur ein paar Minuten, sie zu erlernen; Sie können sofort loslegen. CALM kann Ihnen helfen, die Beziehung zu Ihrem Geist zu verändern, indem Sie sich des Kontexts des Lebens bewusster werden. Das natürliche Nebenprodukt des Weniger-Denkens und der bewussten Wahrnehmung Ihres Gewahrseins ist ein glücklicheres und friedvolleres Leben voller Liebe.

CALM verbindet die Kraft des »OM«
mit neun reinen Intentionen und Fokuspunkten.

Wie die Wissenschaft seit Jahren weiß, befindet sich alles in der physischen Welt in Schwingung; in den alten Weisheitslehren ist diese Vibration als »OM« bekannt. »OM« ist die Schwingung der Schöpfung, die erste aus der Ruhe entstandene Bewegung, der erste aus der Stille kommende Klang und das erste aus dem Nichts entstandene Etwas. Wenn Sie »OM« im Geist mit etwas Beliebigem zusammenbringen, können Sie es erschaffen. Bei der CALM-Meditation verbinden Sie »OM« mit neun reinen Intentionen wie »Frieden«, »Klarheit« und »Weisheit«, die Sie im Geist hervorrufen (siehe die folgende Grafik mit Liste).

Zu jedem CALM-Gedanken gehört eine Stelle am oder außerhalb des Körpers, auf die Sie sich konzentrieren, wenn Sie die Worte denken. Diese Fokuspunkte erhöhen die Kraft der CALM-Gedanken, denn sie fungieren als Energieverstärker für diese reinen Intentionen.

»Sie sind, wonach Sie trachten«, wie es so schön heißt. Diese reinen Intentionen sind wie Samenkörner in Ihnen, die aber unter den Inhalten der Gedanken und des Denkens verborgen liegen. Durch regelmäßiges Praktizieren der CALM-Meditation gießen Sie sozusagen diese positiven Samen des Lebens und führen ihnen Licht zu, damit sie wachsen können. Mit der Zeit können Sie so die neun positiven Intentionen im Alltag erfahren.

DIE NEUN CALM-GEDANKEN MIT DEN FOKUSPUNKTEN

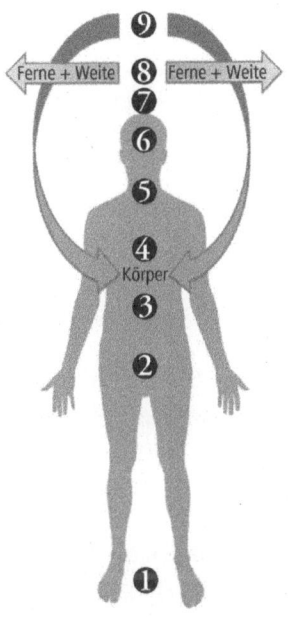

CALM-GEDANKEN		FOKUSPUNKTE
1.	OM Verbundenheit	–	Fußsohlen
2.	OM Kraft	–	Wirbelsäulenbasis
3.	OM Frieden	–	Solarplexus
4.	OM Liebe	–	Herz
5.	OM Wahrheit	–	Kehle
6.	OM Klarheit	–	Stirnmitte
7.	OM Weisheit	–	Scheitelpunkt
8.	OM Universum	–	In die Ferne und Weite
9.	OM Präsenz	–	Im ganzen Körper

Mit CALM meditieren

Setzen Sie sich bequem hin, schließen Sie die Augen. Nehmen Sie wachsam, aber ruhig das Jetzt wahr und achten Sie ungefähr eine Minute lang darauf, welche Gedanken Ihnen im Kopf herumgehen.

1. Nun denken Sie **»OM Verbundenheit«** und lenken dabei Ihre Aufmerksamkeit auf Ihre Fußsohlen ..., lassen Sie die Worte und den Fokuspunkt los und achten Sie ruhig auf das Jetzt, bis Sie bemerken, dass Sie an etwas anderes denken.

2. Nun denken Sie **»OM Kraft«** und lenken dabei Ihre Aufmerksamkeit auf Ihre Wirbelsäulenbasis ..., lassen Sie die Worte und den Fokuspunkt los und achten Sie ruhig auf das Jetzt, bis Sie bemerken, dass Sie an etwas anderes denken.

3. Nun denken Sie **»OM Frieden«** und lenken dabei Ihre Aufmerksamkeit auf den Solarplexus ..., lassen Sie die Worte und den Fokuspunkt los und achten Sie ruhig auf das Jetzt, bis Sie bemerken, dass Sie an etwas anderes denken.

4. Nun denken Sie **»OM Liebe«** und lenken dabei Ihre Aufmerksamkeit auf Ihr Herz ..., lassen Sie die Worte und den Fokuspunkt los und achten Sie ruhig auf das Jetzt, bis Sie merken, dass Sie an etwas anderes denken.

5. Nun denken Sie **»OM Wahrheit«** und lenken dabei Ihre Aufmerksamkeit auf Ihre Kehle ..., lassen Sie die Worte und den Fokuspunkt los und achten Sie ruhig auf das Jetzt, bis Sie bemerken, dass Sie an etwas anderes denken.

6. Nun denken Sie **»OM Klarheit«** und lenken dabei Ihre Aufmerksamkeit auf Ihre Stirnmitte ..., lassen Sie die Worte und den Fokuspunkt los und achten Sie ruhig auf das Jetzt, bis Sie bemerken, dass Sie an etwas anderes denken.

7. Nun denken Sie **»OM Weisheit«** und lenken dabei Ihre Aufmerksamkeit auf Ihren Scheitelpunkt ..., lassen Sie die Worte und den Fokuspunkt los und achten Sie ruhig auf das Jetzt, bis Sie bemerken, dass Sie an etwas anderes denken.

8. Nun denken Sie **»OM Universum«** und lenken dabei Ihre Aufmerksamkeit in die Ferne und Weite ..., lassen Sie die Worte und den Fokuspunkt los und achten Sie ruhig auf das Jetzt, bis Sie bemerken, dass Sie an etwas anderes denken.

9. Nun denken Sie **»OM Präsenz«** und lenken dabei Ihre Aufmerksamkeit auf Ihren ganzen Körper ..., lassen Sie die Worte und den Fokuspunkt los und achten Sie ruhig auf das Jetzt, bis Sie bemerken, dass Sie an etwas anderes denken.

Wiederholen Sie entweder die Schritte 1 bis 9 oder öffnen Sie langsam die Augen, wenn Sie die Meditation beenden möchten.

Wiederholen Sie jeden CALM-Gedanken für etwa eine Minute, bevor Sie zum nächsten übergehen. Bei längeren Meditationssitzungen können Sie jeden CALM-Gedanken bis zu fünf Minuten lang wiederholen oder auch noch länger. Und vergessen Sie nicht, zwischen den einzelnen CALM-Gedanken etwas Zeit zu lassen – die goldene Regel lautet, sich ausschließlich auf Ihren CALM-Gedanken zu fokussieren, wenn Sie bemerken, dass Sie an etwas anderes denken. So helfen Ihnen diese Gedanken, präsent zu sein und die Kontext-Bewusstheit wahrzunehmen.

Mit einer Minute pro CALM-Gedanke dauert eine Sitzung etwa zehn Minuten; die Augen halten Sie dabei geschlossen.

Die vierwöchige CALM-Meditations-Challenge

In der Hektik des modernen Lebens haben wir uns daran gewöhnt, zu viel zu denken, in Stress zu geraten und den gegenwärtigen Moment zu verpassen. Doch zum Glück können wir es uns auch angewöhnen, uns weniger Sorgen zu machen, besser zu schlafen und friedlicher und glücklicher zu sein.

CALM hilft Ihnen, nicht mehr Ihre ganze Aufmerksamkeit auf die Inhalte Ihres Lebens zu richten (Ihre sich ständig verändernden Gedanken, Emotionen, den Körper und Ihre Lebensumstände) und stattdessen den friedvollen Lebenskontext im gegenwärtigen Moment wiederzuentdecken. Am besten beginnen Sie mit der vierwöchigen CALM-Meditations-Challenge, um bewusstes Gewahrsein zu Ihrer neuen Gewohnheit zu machen.

Vier Wochen lang zweimal täglich zehn Minuten CALM

Gute Zeiten zum Meditieren sind: vor dem Frühstück, am späteren Nachmittag, vor dem Abendessen und vor dem Schlafengehen. Die besten Resultate erreicht man mit CALM durch kurzes und häufiges Meditieren – und das ist eine gute Nachricht, denn jeder kann im Laufe des Tages hier und da zehn Minuten erübrigen.

Sind Sie bereit für eine neue Art des Denkens, Fühlens, Lebens und Liebens? Dann beginnen Sie noch heute mit Ihrer vierwöchigen Meditations-Challenge! (Und gehen Sie auf meine Website, dort finden Sie Online-Ressourcen, die Ihre CALM-Meditationspraxis unterstützen.)

TOP-TIPP – CALM-Augenblicke genießen

Sie können Ihre CALM-Gedanken auch mit offenen Augen denken. Suchen Sie sich einen der CALM-Gedanken aus und denken Sie ihn im Laufe des Tages, sooft Sie sich daran erinnern. Denken Sie ihn einfach, lassen Sie ihn los und machen Sie mit Ihrem Tagewerk weiter, bis Sie wieder daran denken. CALM mit offenen Augen kann Ihren Alltag mit mehr Gelassenheit und bewusster Präsenz bereichern.

Loslassen, sein lassen, Liebe zulassen

Meditieren kann frustrierend sein, wenn Ihr Geist beschließt, dass er eine andere Erfahrung machen will als die, die jetzt gerade ansteht. Anders ausgedrückt, könnte man sagen: Frust taucht auf, wenn Sie sich auf die Gedanken, Emotionen oder körperlichen Empfindungen einlassen, die von Natur aus hochkommen möchten, wenn Sie da sitzen und Ihr Körper sich ausruht, indem Sie innerlich »Nein« sagen. Denken Sie daran: Ihr Körper wird heilen, sobald er die Chance dazu bekommt. Diese Erfahrungen sind sehr oft auf Stress zurückzuführen, der aus dem Nervensystem bei der Reparatur- und Verjüngungsarbeit des Körpers freigesetzt wird. Wenn Sie dem, was während des Meditierens geschieht, Widerstand entgegensetzen, widersetzen Sie sich der Heilung!

Viel weiser ist es, loszulassen und sein zu lassen. Eine Möglichkeit besteht in der Absicht, den Moment genug sein zu lassen, ganz genau so, wie er ist. Wie ist es, damit jetzt zu spielen? Lassen Sie diesen Moment genug sein. Machen Sie Pause und lassen Sie Ihre Versuche los, irgendetwas zu korrigieren, zu verändern oder zu verbessern; lassen Sie alles, was geschieht, einfach sein.

Für mich ist das sehr beruhigend; es ist eine Erleichterung, jegliches Versuchen, Anstrengen oder Kontrollieren sein zu lassen. Diesen Moment genug sein zu lassen, bedeutet, Sie betreten einen Zustand bedingungslosen Zulassens. Solche veränderten Intentionen sind nötig, wenn Sie sanfter und liebevoller mit sich selbst, mit anderen Menschen und Ihrem Leben umgehen wollen.

Den ruhigen, stillen Raum wahrnehmen

Beim Meditieren werden Sie sich vielleicht auch einer Ruhe, Stille oder Offenheit bewusst. Das ist Ihr bewusstes Gewahrsein, Ihr wahres Selbst. Es ist gut, die Aufmerksamkeit zum ruhigsten, stillsten Teil Ihrer Erfahrung wandern zu lassen; so können Sie zu Ihrem wahren Selbst eine engere Beziehung pflegen.

Wie bereits erwähnt, empfehle ich, idealerweise zwei- bis dreimal täglich zehn bis zwanzig Minuten zu meditieren: am Morgen vor dem Frühstück, vor dem Abendessen und vor dem Schlafengehen. Anhand kurzer und regelmäßiger Meditationseinheiten während des Tages können Sie lernen, präsenter zu sein, gespeicherten Stress abzubauen und sich zunehmend eines beständigen Kontexts ruhigen, stillen Friedens bewusst zu werden. Es ist die Mühe wert!

Bonus-Tipp #1 – Meditation funktioniert!

Deshalb gibt es diese Praxis ja auch schon seit Tausenden von Jahren. Und sie funktioniert auch bei Ihnen, wenn Sie dabei bleiben. Der einzige Grund für Sie, mit dem Meditieren aufzuhören und nicht die vielen Vorteile zu genießen, ist Ihr Glaube an das, was Ihnen Ihr Kopf mit folgenden Gedanken einredet:

Ich habe heute nicht genug Zeit.
Ich habe zu viele Gedanken.
Ich fühle mich nicht im Frieden.

Das funktioniert doch sowieso nicht.
Ich denke, ich höre auf und versuche es später noch
einmal.

Lassen Sie sich nicht zum Narren halten

Falls Sie jemals solche oder ähnliche Gedanken hegen, die Sie vom Meditieren abhalten könnten, empfehle ich Ihnen: Lachen Sie darüber und meditieren Sie weiter! Freiheit entsteht, wenn Sie sich nicht von Ihrem konditionierten Geist beherrschen und lenken lassen. Viel Spaß beim Meditieren!

Bonus-Tipp #2 – Sich von anderen inspirieren lassen

Denken Sie daran, das Meditieren aufzugeben? Dann lassen Sie sich von anderen inspirieren, die sich auf eine regelmäßige Meditationspraxis eingelassen haben und unermesslich davon profitieren. Unter den »Referenzen« in diesem Buch finden Sie ein paar inspirierende Geschichten von ganz normalen Leuten, die durch Meditation ihr Leben transformiert haben.

»Dem ruhigen Geist
ergibt sich das ganze Universum.«

LAOTSE

KAPITEL ZEHN

Techniken, um weniger zu denken

· · · · · · · · · · · · ·

WENIGER DENKEN DURCH ERFORSCHEN DES BEWUSSTSEINS

Dauerdenken ist eine lebenslange Gewohnheit. Und wie bei allen Gewohnheiten kann es seine Zeit dauern, bis Sie sich von alten Verhaltensweisen befreit haben, indem Sie beständig neue, wünschenswertere Verhaltensweisen pflegen. Am besten verschwenden Sie keine Zeit mehr mit viel Denken, sondern nehmen sich fest vor, die Kontext-Bewusstheit zu meistern, damit Sie all die bislang genannten Vorteile genießen können.

Dazu werden in diesem Kapitel zehn höchst effektive Techniken vorgestellt, die Ihnen helfen, weniger zu denken, präsent zu sein und die ruhige, stille, weite Präsenz wahrzunehmen, die immer im Jetzt in Ihrem Gewahrsein existiert.

Heute lassen Sie sich auf eine neue Rolle im Leben ein:
die Rolle eines Bewusstseins-Erforschers
bzw. einer Bewusstseins-Erforscherin!

TECHNIKEN, UM WENIGER ZU DENKEN

TECHNIK #1 – 3-C-Blick
Fokus auf Ihr Blickfeld und Ausdehnung Ihres Blickfelds

TECHNIK #2 – Seelenfenster
Sich Zeit nehmen, um in die Augen eines anderen Menschen zu blicken

TECHNIK #3 – Nirwana wahrnehmen
Mit der Möglichkeit spielen, dass nichts falsch läuft

TECHNIK #4 – Nach innen schauen
Die Aufmerksamkeit nach innen auf Ihr Herz richten

TECHNIK #5 – Gleichmäßiges Atmen
Fokus auf den ein- und ausströmenden Atem

TECHNIK #6 – Erwecken der Sinne
Die Achtsamkeit auf die Sinne lenken für mehr Gelassenheit

TECHNIK #7 – Resonanz-Revolution
Sich der ruhigen Präsenz des Lebens bewusst bleiben

TECHNIK #8 – Sprechende Stille
Sich der Stille bewusst werden, die Klang ermöglicht

TECHNIK #9 – Erleuchtetes Auge
Das Leben aus dem Zentrum des Schädels betrachten

TECHNIK #10 – Luft-Bewusstheit
Das Leben von dem »Einen Auge« aus betrachten

Zielgerichtete Praxis
Manche dieser Techniken stoßen bei Ihnen auf Resonanz, und sie funktionieren, wie Sie merken werden, unmittelbar. Andere ergeben für Sie vielleicht keinen Sinn, oder Sie finden sie schwieriger. Ich rate Ihnen, alle zehn Techniken durchzulesen und sie dabei auch einmal anzuwenden. Finden Sie heraus, welche bei Ihnen funktionieren, und praktizieren Sie diese zielgerichtet für die nächsten sechs Wochen. In dieser Zeit werden Sie ein paar höchst erstaunliche Entdeckungen machen. Und was noch wichtiger ist: Sie werden Ihre Gewohnheit des Dauerdenkens

massiv verändern und gegen Ihre neue und bessere Gewohnheit der Kontext-Bewusstheit eintauschen.

TOP-TIPP – Tun Sie es einfach!

Vergessen Sie nicht: Nachdenken über etwas und etwas im Moment zu tun – das sind verschiedene Dinge. Damit diese Techniken funktionieren, müssen Sie sie einfach tun. Wenn Sie sie gar zu sehr analysieren, denken Sie schon wieder zu viel und verpassen die Erfahrung, zu der diese Techniken Sie führen können. Lassen Sie sich vom weisen Meister Yoda aus dem Film *Krieg der Sterne* inspirieren:

> »Tun oder nicht tun. Keinen Versuch es gibt.«

TECHNIK #1 – 3-C-Blick

Fokus auf und Ausdehnung des Blickfelds

Mit den Augen Veränderungen bewirken: 3-C ist eine tolle Möglichkeit, den Geist zu klären und sich in jeder Situation ruhig, zuversichtlich und zufrieden zu fühlen. Sie benutzen dazu Ihre Augen zum Aktivieren des parasympathischen Nervensystems, was den Geist beruhigt und Ihnen helfen kann, ruhige Stille wahrzunehmen. Ich würde sogar sagen, es ist sehr schwierig, zu denken, während man 3-C-Vision praktiziert. Aber Sie müssen mir das nicht glauben – probieren Sie es einfach jetzt aus.

Anleitung:
1. Schauen Sie auf einen Punkt an der Wand, idealerweise etwas über Augenhöhe (so etwa in einem 45-Grad-Winkel). Das sollte sich anfühlen, als ob Ihr Blick an die Augenbrauen stößt.

2. Sie schauen auf diesen Punkt an der Wand und fokussieren mühelos mit entspanntem Geist Ihre ganze Aufmerksamkeit auf diesen Punkt. Falls Sie das Bedürfnis haben, dabei tief ein- und auszuatmen, machen Sie es einfach.

3. Sie werden bemerken, wie sich innerhalb weniger Augenblicke Ihr Sehfeld ausdehnt und Sie nach und nach eher peripher statt zentral sehen.

4. Achten Sie nun verstärkt auf Ihr peripheres und weniger auf das zentrale Blickfeld. Bemerken Sie Farben, Schatten, Formen etc. Was sehen Sie links und rechts, oben und unten? Schauen Sie möglichst nichts direkt an, sondern verweilen Sie achtsam beim peripheren Sehen.

5. Fahren Sie damit fort, so lange Sie möchten, und achten Sie darauf, wie sich das anfühlt. Wie Sie feststellen werden, ist Ihr Geist mehr zur Ruhe gekommen.

Mit ein wenig Übung können Sie die 3-C-Vision-Methode im Laufe des Tages anwenden: beim Lesen, Spazierengehen, im Gespräch mit Freunden – sooft Sie mit dem Denken aufhören und sich ruhig, zuversichtlich und zufrieden fühlen möchten.

TECHNIK #2 – Seelenfenster

Einem anderen Menschen in die Augen schauen

Die Augen werden oft als »Fenster der Seele« bezeichnet, und wenn Sie einem anderen Menschen in die Augen blicken, kann das eine tiefgreifende Erfahrung sein und Sie erkennen lassen, dass da zwei verschiedene physische Körper sind, aber beiden dieselbe Essenz gemein ist, und diese Essenz ist nichts Getrenntes. Sie können in einer inneren Essenz verweilen, die über den physischen Körper hinausgeht, jenseits der Zeit liegt sowie jenseits jeglichen Getrenntseins. Ich habe mich mit den Menschen, mit denen ich diese Übung gemacht habe, dauerhaft verbunden gefühlt.

Anleitung:

- Um diese einfache, aber tiefgreifende Übung auszuführen, sitzen oder stehen Sie direkt vor einem Partner bzw. einer Partnerin, der oder die diese Übung auch durchführen will. Dann schauen Sie diesem Partner für längere Zeit – idealerweise zehn bis zwanzig Minuten – einfach in die Augen. Ja, Sie haben richtig gehört: Sie schauen dieser Person in die Augen, ohne zu sprechen und – falls möglich – ohne ablenkenden Gesichtsausdruck. Schauen Sie diesen Menschen nur an.

- Überlegen Sie dabei: Was beobachtet da? Was wird beobachtet in diesem Menschen? Worauf schauen Sie? Was sehen Sie? Können Sie die innere ruhige, stille Bewusstheit wahrnehmen, die da beobachtet? Ist das etwas Getrenntes oder ist es eins mit dem Bewusstsein dieser Person?

Das ist *kein* Anstarr-Wettbewerb, und Sie können blinzeln, sobald Sie das Bedürfnis haben; also bleiben Sie ganz entspannt.

TECHNIK #3 – Nirwana wahrnehmen

Mit der Möglichkeit spielen, dass nichts falsch läuft

Die subtile Überzeugung, etwas stimme nicht und laufe schief, ist eine der verborgenen Hauptursachen von Lebensangst, die Menschen dazu bringt, dem Geschehen Widerstand zu leisten, wodurch furchtbar viel unnötiger Stress aufgebaut wird. Sie können nicht alles, was passiert, kontrollieren, aber Sie können die Überzeugung auflösen, durch die das Geschehen so stressig wird. Sobald Sie einen Moment der Gelassenheit benötigen, können Sie sich anhand dieser Technik wieder in Kontakt mit der Präsenz des inneren Friedens bringen.

Anleitung:

- Stellen Sie sich vor, ich könnte in Ihren Kopf greifen und die Überzeugung, etwas laufe falsch, einfach herausziehen. Ja, Sie haben richtig gelesen: Wie durch Zauberhand könnte die Überzeugung, etwas stimme nicht mit Ihrem Körper, Ihrem Leben oder Ihrer Welt, komplett aus Ihrem Kopf gelöscht werden.

- Was bleibt übrig? Ich meine es ernst: Probieren Sie das einmal ein paar Augenblicke aus! Wie ist das?

Ich habe dieses Spiel mit vielen Leuten gespielt – mit bemerkenswerten Ergebnissen. Auf der Stelle ist in ihren Augen Erleichterung zu sehen, und wie sie sagen, fühlen sie sich »frei«, »erleichtert«, »friedlich« und »weit«, um nur einiges zu nennen.

Wie ist es für Sie, einen Moment einmal so zu tun, als ob nichts falsch wäre, sondern alles stimmen würde? Betrachten Sie das Leben durch eine »Brille«, durch die nichts mehr verkehrt oder falsch ist, dann können Sie Nirwana bemerken, welches da ist – tagtäglich und den ganzen Tag hindurch.

TECHNIK #4 – Nach innen schauen

Die Aufmerksamkeit nach innen auf Ihr Herz richten

Wie ist es für Sie, so zu tun, als könnten Sie mit Ihren Augen in zwei Richtungen sehen: gleichzeitig nach außen und nach innen auf Ihr Herz?

Anleitung:

- Für den Blick nach innen suchen Sie sich einen äußeren Fokuspunkt, zum Beispiel einen Türgriff, die Ecke eines Bilderrahmens oder einen Punkt an der Wand.

- Nun verharren Sie mit einem Teil Ihrer Aufmerksamkeit auf diesem äußeren Referenzpunkt und tun so, als ob Sie mit den Augen auch nach hinten, innen und unten Richtung Herz blicken könnten.

- Achten Sie zugleich darauf, was dadurch mit den Gedanken im Kopf passiert. Beruhigen sie sich? Wird es Ihnen bewusst, wie ruhig es jetzt in Ihnen ist?

Der Blick nach innen ist eine fantastische Möglichkeit, eine beständigere innere Achtsamkeit zu kultivieren. Wie Sie bemerken werden, können Sie Ihre Aufmerksamkeit nach innen auf Ihr Herz richten und dennoch sehr effektiv mit der Außenwelt interagieren. Viele Menschen werden durch diese Technik sogar präsenter, als wenn sie sich ausschließlich auf das Außen, auf Dinge, Geräusche und Bewegungen fokussieren.

Spielen Sie mit dem Blick nach innen, wenn Sie sich mit Freunden unterhalten, am Computer arbeiten oder draußen in der Natur spazieren gehen. Dadurch können Sie sich der Präsenz des inneren Friedens bewusst werden und gleichzeitig mehr Kontext-Bewusstheit entwickeln.

TECHNIK #5 – Gleichmäßiges Atmen

Fokus auf den ein- und ausströmenden Atem

Durch gleichmäßiges Atmen kommen sowohl Herz als auch Gehirn in Kohärenz. Ein inkohärentes Gehirn denkt die ganze Zeit – die bereits erwähnten 100.000 Gedanken pro Tag.

Bei einem kohärenten Gehirn dagegen sind die beiden Gehirnhälften in Harmonie miteinander, und der Geist ist von Natur aus ruhiger.

Anleitung:

- Einfacher geht's wirklich nicht. Wie der Name schon sagt, atmen Sie bei der gleichmäßigen Atmung ganz mühelos genauso lange ein wie aus. Zum Beispiel können Sie einatmen und dabei bis fünf zählen und dann ausatmen und dabei bis fünf zählen.

- Praktizieren Sie diesen Atemrhythmus fünf Minuten lang bzw. so lange, wie Sie sich damit wohlfühlen. Sollte sich irgendwann ein Schwindelgefühl einstellen, atmen Sie in Ihrem normalen Atemrhythmus weiter und richten Ihre Aufmerksamkeit auf die Füße, um sich zu erden.

TOP-TIPP – Richtig atmen!

Die meisten Leute atmen nicht richtig, wodurch Anspannung nicht auf natürliche Weise gelöst werden kann: Der Körper wird unnötigem Stress ausgesetzt, wenn er versucht, mit weniger Sauerstoff auszukommen, als er eigentlich gerne hätte.

Machen Sie diesen Schnelltest: Legen Sie Ihre Handfläche auf Ihren Bauch und atmen Sie tief ein; achten Sie darauf, was dabei mit Ihrem Bauch passiert: Geht er beim Einatmen nach innen oder dehnt er sich nach außen? Viele Menschen ziehen beim Einatmen den Bauch ein, obwohl genau das Gegenteil richtig wäre! Damit sich die Lungen voll und ganz ausdehnen können, muss das Zwerchfell nach unten sinken, wodurch der Bauch sich nach außen dehnt.

Es tut Ihnen vielleicht gut, täglich zu einer bestimmten Zeit die gleichmäßige Atmung zu praktizieren. Oder Sie machen sie einfach immer dann, wenn Ihnen auffällt, dass Sie sich im Inhalt Ihres Geistes verlieren. Eine gute Zeit wäre zum Beispiel beim Duschen am Morgen, beim Warten auf den Bus oder Zug oder während der Meditation.

Die Aufmerksamkeit auf die Sinne lenken für mehr Gelassenheit

Je mehr Sie im gegenwärtigen Moment präsent sind, desto weniger sind Sie im Kopf. Und je mehr Sie sich aktiv dessen bewusst werden, was gerade geschieht, desto mehr können Sie den ruhigen, stillen Duft Ihres Gewahrseins wahrnehmen. Beim Erwecken der Sinne lenken Sie Ihre Aufmerksamkeit auf Ihre Sinne, um alles ganz und gar zu sehen, zu spüren, zu hören, zu riechen und zu schmecken, was Ihnen gerade passiert.

Anleitung:

- **Bemerken Sie, was Sie sehen können.** Schauen Sie einfach nur, ohne etwas zu benennen. Betrachten Sie die Farben, die Formen, die Beschaffenheit. Achten Sie auf die Helligkeit. Betrachten Sie die Entfernung zwischen den Objekten. Nehmen Sie den Raum wahr. Fokussieren Sie sich auf einzelne Gegenstände und bemerken Sie daran Dinge, die Ihnen vorher womöglich entgangen sind. Nun weiten Sie Ihr Blickfeld auf die Peripherie dessen aus, was Sie sehen können. Sehen Sie alles, was sich links und rechts von Ihnen befindet. Dann sehen Sie alles, was sich unter- und oberhalb Ihrer Augenhöhe befindet.

- **Bemerken Sie, was Sie spüren.** Nun bemerken Sie alles, was Sie berühren. Bemerken Sie Ihre Kleider, den Boden und den Stuhl, wenn Sie auf einem Stuhl sitzen. Spüren Sie die um Sie herum tanzende Luft, die Sie so liebevoll überall berührt. Spüren Sie die Temperatur. Spüren Sie, wie es sich anfühlt, nur zu atmen. Spüren Sie das Leben in sich und um Sie herum. Spüren Sie einfach.

- **Hören Sie die Geräusche.** Stimmen Sie sich ein. Versuchen Sie nichts zu benennen oder zu bewerten. Lauschen Sie einfach. Lauschen Sie ruhig auf die Stille, die

Klänge erst ermöglicht, und die Stille, die die Stille zulässt. Schalten Sie auf »Super-Stereo« und stellen Sie sich auf Geräusche ein, die Ihnen vorher vielleicht entgangen sind. Sind das Vögel oder Verkehrsgeräusche in der Ferne? Oder eine tickende Uhr? Oder können Sie hören, wie die Luft in Ihren Nasenlöchern nach oben und unten strömt? Stimmen Sie sich ein und lauschen Sie, als ob die Lautstärke ganz hochgedreht worden wäre.

- *Bemerken Sie die Gerüche.* Lenken Sie Ihre Aufmerksamkeit auf Ihre Nase, indem Sie fühlen, wie die Luft in die Nase eintritt. Seien Sie sich der durch die Nase strömenden Luft gewahr; das kann eine höchst angenehme Erfahrung sein, wenn Sie wirklich aufmerksam jeden Atemzug wahrnehmen. Dabei konzentrieren Sie sich ganz darauf, was Sie gerade riechen können: Ist es ein scharfer oder schaler Geruch, ist er stark oder schwach, süß oder säuerlich? Richten Sie Ihre Aufmerksamkeit auf Ihre Nase und bemerken Sie, wie Ihr Geist dadurch klarer wird.

- *Bemerken Sie die Geschmacksrichtungen.* Welche Geschmacksrichtungen schmecken Sie im Mund, auch ohne etwas zu essen? Spielen Sie damit, durch unterschiedliche Speisen und Getränke Ihre Sinne zu wecken und sich dabei voll und ganz auf Ihre Geschmacksknospen einzustimmen, auf die Beschaffenheit der Speisen und natürlich auf die Geschmacksrichtungen. Wie ist es, die Flüssigkeit eine Weile im Mund zu behalten, bevor Sie sie hinunterschlucken? Wie fühlt sich das Essen beim Kauen zwischen den Zähnen an? Bewusst genossen, können die einfachsten Speisen und Getränke ganz köstlich schmecken.

Wenn Sie Ihre Aufmerksamkeit auf Ihre Sinne richten, bleibt nicht mehr so viel Aufmerksamkeit für den denkenden Geist übrig. Sie denken dann von Natur aus weniger und sind mehr von dem erfüllt, was Sie gerade sehen, hören, spüren, riechen oder schmecken.

TECHNIK #7 – Resonanz-Revolution

Sich der ruhigen Präsenz des Lebens bewusst bleiben

Jetzt kommt eine fortgeschrittenere, subtilere Technik an die Reihe. Ruhige Stille befindet sich in allem in der physischen Existenz. Jeder Baum und jedes Tier, sogar jedes alltägliche Objekt wie das Glas, aus dem Sie trinken, und das Haus, in dem Sie wohnen, trägt in sich eine Resonanz der Ruhe.

Wenn Sie so präsent und aufmerksam werden, dass Sie die stille Resonanz des Lebens bemerken, sehen Sie mit neuen Augen die zugrunde liegende Natur der Realität. Und dann ist es ein Ding der Unmöglichkeit, nicht die zugrunde liegende Natur Ihres wahren Selbst zu erkennen.

Anleitung:

- Nehmen Sie sich die Zeit, aufmerksam unbelebte Gegenstände zu betrachten, mit der Intention, sich einzustimmen und die ruhige Stille wahrzunehmen, die diesen Gegenständen innewohnt.

- Dann entscheiden Sie sich, welches Objekt Sie bewusst erforschen möchten, und schauen es an. Dabei haben Sie die Intention, die ihm innewohnende Stille wahrzunehmen. Es ist ruhig und in Stille. Selbst wenn es sich bewegt, ist es doch von einer exquisiten Ruhe umgeben, die Sie sehen können, wenn Sie offen dafür sind.

- Schauen Sie das Objekt an, ohne ihm ein Etikett anzuheften, seien Sie ganz offen dafür. Spüren Sie seine Präsenz und nehmen Sie dabei auch Ihre eigene Präsenz wahr. Diese Technik kann Ihre Welt lebendig machen und Ihnen helfen, sich wieder in die Sie umgebende Schönheit zu verlieben.

TECHNIK #8 – Sprechende Stille

Sich der Stille bewusst werden, die Klang ermöglicht

Bevor ich die Kontext-Bewusstheit entdeckte, dachte ich immer, es gäbe nur »laut« oder »leise«, doch damit Geräusche überhaupt existieren können, muss es gleichzeitig Stille geben. Klingt das seltsam? Für mich schon, als mir das zum ersten Mal gesagt wurde, aber es ist wahr, wenn Sie aufmerksam genug sind, die Stille zu *hören*. Die innere Stille ist uns so vertraut, dass wir schnell vergessen, dass sie ja immer da ist. Kinder wissen das ganz genau, Erwachsene nicht mehr so gut, weil sie vom Inhalt der Geräusche so abgelenkt werden.

Überlegen Sie einmal: Gäbe es einen Kontext von Lärm, könnten Sie dann überhaupt etwas hören? Oder brauchen Sie die Stille, damit Geräusche überhaupt existieren können? Selbst bei einem Rockkonzert, bei dem die Musik so laut ist, dass Ihre Ohren noch am nächsten Tag klingeln, muss ständig Stille existieren, damit Sie den Klang der Musik hören können. Sonst wäre Lärm der Kontext, und Sie könnten gar nichts hören. In Wahrheit ist unterschwellig ständig Stille präsent, dank der Sie Geräusche hören können, und diese Stille existiert in Ihnen.

Anleitung:

- Besonders leicht können Sie die Stille in Ihren Ohren wahrnehmen. Lenken Sie die Aufmerksamkeit auf irgendein Geräusch, das Sie gerade hören, und nehmen Sie ganz sanft wahr, dass Sie dieses Geräusch nur aufgrund einer inneren Stille hören können.
- Konzentrieren Sie sich nicht so sehr auf das, was Sie hören, sondern mehr auf das in Ihnen, was zuhört. Nehmen

Sie sanft den inneren Zuhörer wahr, um so die Präsenz des Jetzt zu finden.

Sie können Stille auch wahrnehmen, indem Sie Ihre Aufmerksamkeit auf das Zentrum Ihres Schädels richten und sie dann langsam nach außen Richtung Ohren lenken. Manche Menschen erleben dabei einen Moment, in dem sie die Stille wahrnehmen; sie wird klar und überdeutlich. Spielen Sie damit, Ihre Aufmerksamkeit auf die innere Stille zu lenken. Das ist eine sehr effektive Möglichkeit, die Aufmerksamkeit vom denkenden Kopf abzuziehen und sie stattdessen auf den Kontext zu richten. Sie spüren das, worauf Sie sich fokussieren. Der Fokus auf die Stille verhilft also zu mehr Gelassenheit.

TECHNIK #9 – Erleuchtetes Auge

Das Leben aus dem Zentrum des Schädels betrachten

Diese Übung ist fantastisch dafür geeignet, die Bewusstheit des Gewahrseins zu stärken, das den ganzen Tag lang bewusst bleibt. Anstatt Ihre Aufmerksamkeit komplett auf äußere Dinge und auf Bewegung zu lenken, gehen Sie damit nach innen und schauen aus dem Zentrum des Schädels hinaus.

Das erleuchtete Auge ist ein Tor, das nach innen führt, in das innere Reich des ruhigen, weiten Raums und des höheren Bewusstseins. Wenn Sie diese Technik praktizieren, müssen Sie sich sozusagen mehr des stillen Gewahrseins bewusst werden, welches nach außen schaut. Während Sie bewusst werden, erfahren Sie Ihre eigene Bewusstheit, und wie wir ja schon herausgefunden haben, ist sie ruhig, still und weit.

Anleitung:

- Bei dieser Übung müssen Sie darauf achten, wie es ist, aus dem Zentrum Ihres Schädels hinauszublicken.

● Dazu tun Sie so, also hätten sich Ihre Augen wie durch einen Zauber nach hinten verschoben und Sie könnten von weiter hinten aus Ihrem Schädel hinausschauen. Dabei bemerken Sie, ob Ihr Geist ruhiger wird, und Sie nehmen den ruhigen inneren Beobachter wahr.

TOP-TIPP – Aus dem Herzen heraus beobachten

Aus dem Zentrum des Schädels herauszuschauen, kann schwierig sein. Sollte das auch auf Sie zutreffen, spielen Sie damit, wie es ist, aus dem Herzen herauszuschauen. Dazu suchen Sie sich einen Gegenstand aus und beobachten ihn ganz normal mit Ihren Augen, aber auch gleichzeitig mit der Intention, ihn mit dem Herzen zu beobachten. Diese Intention lenkt Ihre Aufmerksamkeit ganz natürlich nach innen, wodurch Sie sich mit der Ihnen innenwohnenden Präsenz verbinden können. Verfolgen Sie mit offenem Geist (und Herzen!), was passiert.

TECHNIK #10 – Luft-Bewusstheit

Das Leben von dem »Einen Auge« aus betrachten

Nach der Übung »Erleuchtetes Auge« folgt meine Lieblingstechnik: Luft-Bewusstheit. Die Frage klingt vielleicht offensichtlich, aber ich stelle sie trotzdem: Aus wie vielen Augen blicken Sie Ihrer Meinung nach?

Natürlich zwei! Dazu brauchen Sie ja nur in einen Spiegel zu schauen, und auch die anderen sehen zwei Augen, wenn sie Sie ansehen. Doch faszinierend ist die Antwort auf die Frage: Aus wie vielen Augen schauen Sie von Ihrem eigenen Blickwinkel aus gesehen?

»Ich sehe mit einem Auge«, lautet meist die Antwort, wenn ich diese Frage angehenden Bewusstseins-Erforschern stelle.

Nehmen Sie einmal einen Augenblick lang diese Realität wahr. Obwohl Sie zwei Augen haben, blicken Sie doch mit einem Auge in die Welt hinaus. Jawohl, Ihre beiden Augen sind tätig, aber aus Ihrer einen Perspektive heraus; Sie blicken durch ein rahmenloses Fenster der Bewusstheit. Manche spirituellen Lehrer bezeichnen dies als *das Auge Gottes*.

Anleitung:

- Luft-Bewusstheit bedeutet, so zu tun, als ob es nichts oberhalb Ihrer Schultern gäbe als das *eine* große Auge.
- Spielen Sie damit, wie es wäre, die Welt mit *einem* Auge zu betrachten und dabei in einem ruhigen, stillen Raum zu schweben. Damit kommt der Geist zur Ruhe, und Sie können sich mit Ihrem wahren Selbst wieder verbinden, welches grenzenloses bewusstes Gewahrsein ist.

Ruhige Stille sein

Ruhige Stille ist nichts, was Sie mit viel Anstrengung erreichen oder festhalten müssen. Sie ist vielmehr das, was Sie sind. Wenn Sie ruhige Stille sind, bemerken Sie die lebendige Wahrheit; und Sie merken, dass Sie nicht von der Präsenz des Friedens getrennt, sondern eins mit der Präsenz sind und dass es keinerlei Mühe bereitet, im unaussprechlichen Glanz Ihres wahren Selbst zu verweilen.

Wahre Gelassenheit und Erfolg entstehen, wenn Sie voll und ganz wissen, wer Sie sind, und dieses Selbst bewusst erfahren.

»Die Welt stellt dich ständig
vor Herausforderungen.
Nimm den Frieden mit,
wo immer du hingehst,
indem du Frieden
zu deiner Priorität erhebst.«

ECKHART TOLLE [4]

Dem Frieden
einen Preis beimessen

DAS EWIGE »SPIEL« UM DIE FREIHEIT
VON ZU VIEL DENKEN

ZUSAMMENFASSUNG:
Die wichtigsten Botschaften von RUHE IM KOPF

- Anstatt jahrelang zu versuchen, Ihren Geist hin zu ausschließlich positiven Gedanken und Emotionen zu verändern, können Sie das traditionelle Denken hinter sich lassen und die Beziehung zu Ihrem Geist verändern; dadurch kommen Sie in den Genuss von mehr Gelassenheit und Erfolg.
- Sie müssen Ihren Frieden nicht auf irgendwann in der Zukunft verschieben, wenn die Dinge dann endlich so sind, wie Sie Ihrer Meinung nach sein sollten.
- Die Qualität bzw. Quantität der Gedanken und Emotionen, die durch Ihren Körper-Geist ziehen, müssen sich nicht negativ auf Ihre Gelassenheit und Ihren Erfolg auswirken.
- Nicht Ihre Gedanken sind für Sie problematisch, sondern der Kommentator, der Ihre Gedanken kommentiert.

- Frieden kann nur im gegenwärtigen Moment erlebt werden, doch Ihr Geist schiebt den Frieden immer auf die lange Bank, weil er einen Schritt weit entfernt ist von dem Frieden, der immer da ist.

- Um im Hier und Jetzt Frieden zu erfahren, müssen Sie sich Ihres wahren Selbst bewusst sein und dadurch den Geist hinter sich lassen.

- Ihr wahres Selbst ist das dauerhafte, ruhige, stille, weite, bewusste Gewahrsein, welches sich Ihrer zeitweiligen und vorübergehenden Gedanken und Emotionen, Ihres physischen Körpers und der äußeren Lebensumstände bewusst ist.

- Bewusstes Gewahrsein geht über das Physische, Mentale und Emotionale hinaus, ist frei von Problemen und bereits gelassen und ruhig.

- Wenn Sie Ihre Aufmerksamkeit auf den ruhigen, stillen Raum in Ihrem Gewahrsein richten, ziehen Sie die Aufmerksamkeit von dem ständigen Geplapper im Kopf ab, werden stattdessen präsent und erfahren diese Präsenz.

- Innere Gelassenheit entsteht unmittelbar, wenn Sie diesen Augenblick genug sein lassen, genau so, wie er ist.

- Äußerer Erfolg kann einfacher erreicht werden, wenn Sie mit der ruhigen, stillen Quelle der Kreativität, Intuition und des inspirierten Handelns verbunden sind.

- Friedlich sein hat nichts mit Passivität zu tun. Sie verweilen mit Ihrer Aufmerksamkeit auf der ruhigen, inneren Stille und können gleichzeitig Ihr Leben proaktiv zum Positiven verändern.

- Durch regelmäßiges Meditieren – idealerweise dreimal täglich – können Sie Ihr gewohnheitsmäßiges, unkontrolliertes Denken aufgeben und sich die neue Gewohnheit der Kontext-Bewusstheit aneignen, wodurch Sie immer mehr Gelassenheit und Erfolg erleben können – ein Leben lang.

Wir haben uns zwar diese machtvollen Einsichten angesehen und bereits damit begonnen, mehr Gelassenheit und Erfolg zu erleben, aber dieses abschließende Kapitel ist das bei weitem wichtigste. Ich möchte Sie darauf vorbereiten, dauerhaften und wachsenden Frieden und Wohlstand in Ihrem Leben zu erfahren, und zwar, weil Ihr Leben weitergeht, auch wenn wir am Ende dieses Buches angelangt sind. Vielleicht verschlechtert sich Ihre Gesundheit unerwartet, es entstehen Missverständnisse, der Termindruck ist hoch, oder Sie sind mit anderen Herausforderungen konfrontiert. Doch ganz egal, was das Leben bringt: Sie müssen bereit sein, Ihre Aufmerksamkeit wegzulenken von Ihrem überaktiven, denkenden Geist, und sie stattdessen auf die ruhige, stille, friedvolle Präsenz richten, die Ihrem bewussten Gewahrsein innewohnt. Und das ist eine Wahl, die Sie treffen können, wenn Sie …

… Frieden zur Priorität erheben

Sobald Sie einmal wissen, wie Sie Frieden erfahren können, sind Ihre Prioritäten das größte Hindernis, das zwischen Ihnen und Ihrem Frieden steht. Überlegen Sie:

Wie wichtig ist mein Frieden?

- *Was ist wichtiger als mein Seelenfrieden?*
- *Ist die Erfahrung des Friedens im Jetzt wichtiger als eine andere Vergangenheit oder eine bessere Zukunft?*
- *Ist Frieden wichtiger als eine bessere Gesundheit?*
- *Ist Geld wichtiger als Frieden?*
- *Was könnte sonst noch wichtiger für mich sein als mein größter Herzenswunsch nach Frieden?*

Für den Frieden einen Preis festlegen

Das hört sich auf den ersten Blick ziemlich unspirituell an, doch ich meine es ernst: Legen Sie für Ihren Frieden einen monetären Wert fest. Ich habe mich früher ganz furchtbar über jeden Strafzettel über 30 Pfund aufgeregt, und dabei habe ich unabsichtlich meinem Frieden einen Wert von 29,99 Pfund oder noch weniger zugemessen. Ich war bereit, meinen kostbaren Frieden für den Preis eines Strafzettels einzutauschen. Wie dumm!

Sie müssen Ihrem Frieden mehr Wert beimessen als dem, was Sie als Problem wahrnehmen. Das ist eines der mutigsten und nützlichsten Dinge, die Sie für das Universum überhaupt tun können.

ÜBLICHE GRÜNDE, MIT DENEN DER FRIEDEN ABGEWERTET WIRD

Damit Sie nicht ähnliche Fehler machen, sage ich Ihnen, was Menschen üblicherweise (und unabsichtlich) wichtiger nehmen als ihren inneren Frieden:

Grund #1 – Recht haben wollen

Hören Sie damit auf, recht haben zu wollen – das ist nicht nur stressig, sondern meistens auch sinnlos. Je mehr Sie sich des gegenwärtigen Moments bewusst werden und Ihr wahres Selbst wiederentdecken, desto klarer wird auch, dass es einen großen Unterschied zwischen relativer und absoluter Wahrheit gibt – dass es nur *eine absolute Wahrheit* gibt, die jenseits von allen Glaubenssystemen steht und nur aus erster Hand erfahren werden kann. Alles andere außer der direkten Erfahrung der Wahrheit im Jetzt kann nur eine relativ wahre Überzeugung sein, die im konditionierten Geist existiert.

Die Wahrheit ist immer wahr

Denken Sie daran: *Überzeugungen* stimmen manchmal, unter bestimmten Umständen, für ein paar wenige, an ein paar Orten und zu bestimmten Zeiten. Die *absolute Wahrheit* dagegen ist immer wahr, unter allen Umständen, für jeden, zu jeder Zeit und an jedem Ort.

Jede Ihrer Überzeugungen mag für Sie stimmen, doch ich garantiere Ihnen, dass irgendjemand auf dem Planeten genau vom Gegenteil überzeugt ist. Deshalb streiten sich Menschen um Überzeugungen, aber nie um die Erfahrung der Wahrheit. Es gibt nur *eine* Wahrheit. Es gibt keine gegenteilige Wahrheit. Wahrheit ist etwas Absolutes. Und deshalb hat die Wahrheit keine Seiten, für die Sie Partei ergreifen könnten.

> *Da Glaubensüberzeugungen nur relativ wahr sind,*
> *ist es nicht unbedingt der Mühe wert, darum zu streiten.*

Eine Erinnerung daran, sich zu erinnern

Die Leute streiten sich um Meinungsunterschiede, aber niemals um die Erfahrung absoluter Wahrheit. Also achten Sie darauf, ob Sie versuchen, recht zu haben; das ist ein sicheres Zeichen, dass Sie vorübergehend den Frieden des wahren Selbst aufgegeben haben und jetzt beim Denken im Kopf sind. Doch in Wahrheit gibt es nur Liebe. Es gibt nur den gegenwärtigen Moment. Es gibt nur Stille. Gott macht keine Fehler, und nichts ist jemals falsch. Aber hallo, das ist *meine* Wahrheit. Sie können natürlich glauben, was immer Sie wollen.

Die friedliche Lösung

Geben Sie Ihr Bedürfnis auf, dass andere mit Ihnen einer Meinung sein müssen, indem Sie selbst die Wahrheit erfahren.

Grund #2 – Gemocht werden wollen

Ich möchte Sie warnen: Ihren Frieden davon abhängig zu machen, ob die Leute Sie zufällig mögen oder nicht, ist eine sehr riskante Strategie. Sie haben kaum Kontrolle über die Meinung anderer, und solange die anderen Menschen in Ihrem Leben sich ihres eigenen wahren Selbst nicht bewusst sind, werden sie anhand *ihrer eigenen* geistigen Konditionierungen beurteilen, ob *Sie* liebenswert sind oder nicht. Sie haben keine klare Wahrnehmung von Ihnen, sondern sehen nur ihre eigene, sehr stark aufbereitete und äußerst verzerrte Vorstellung über Sie – auf Grundlage ihrer eigenen Urteile und Vorurteile.

Geben Sie sich die Erlaubnis, sich zu entspannen.
Gestehen Sie anderen Ihre eigene Meinung zu.
Fokussieren Sie sich darauf, präsent, friedlich und liebevoll zu sein.

Friedvolles Lieben ist der Schlüssel, der Sie von dem Bedürfnis nach der Zuneigung anderer befreit. Das ist sehr wichtig, weil ein »Leben außerhalb der Liebe«, also ohne Bewusstsein der inneren Quelle der Liebe, meinen Beobachtungen zufolge einer der Hauptgründe für gesundheitliche Probleme, emotionales Unwohlsein und Stress im Leben ist.

Ich habe Hunderte von *Mind-Detox*-Beratungssitzungen durchgeführt, und dabei ist mir aufgefallen, dass es für die Probleme der meisten Menschen eine Kernursache gibt, nämlich die Überzeugung und daraus resultierende verzerrte Wahrnehmung, sie wären von der Quelle der Liebe getrennt und müssten deshalb etwas *tun*, um liebenswert zu *sein*. Und so geben sie sich viel Mühe, Liebe von anderen zu »bekommen«, und werden letztendlich enttäuscht. Nicht unbedingt, weil die anderen sie nicht lieben, sondern weil diese Liebe von außen nie so innig und erfüllend ist wie die Liebe im eigenen Herzen.

Eine Erinnerung daran, sich zu erinnern

Wenn Sie in der inneren, ruhigen, stillen Quelle der Liebe verweilen können, erleben Sie unglaublich viel Seelenfrieden. Wenn Sie jemals die Zuneigung anderer Leute brauchen, haben Sie vorübergehend die Verbindung zu Ihrem wahren Selbst verloren.

In Wahrheit brauchen Sie niemanden, der Sie liebt, weil *Sie Liebe sind.*

Spielen Sie mit dieser Möglichkeit. Achten Sie darauf, wie es ist, nicht nach Bestätigung oder Respekt von anderen zu suchen. Seien Sie unabhängig. Befreien Sie sich von Ihren Ängsten dahingehend, was die Leute wohl über Sie denken mögen. Entdecken Sie, dass Sie nicht die Liebe der Außenwelt brauchen, um okay zu sein.

Die friedliche Lösung

Lassen Sie Ihr Bedürfnis nach der Zuneigung anderer los, indem Sie in der inneren, ruhigen, stillen Quelle der Liebe verweilen.

Grund #3 – Problematische Menschen

Wut, Verletzungen und Traurigkeit entstehen oft, wenn wir dem Verhalten anderer Widerstand entgegensetzen. Um dauerhaft Frieden zu erfahren, müssen Sie unbedingt aufhören, andere zu dem Verhalten bringen zu wollen, das Ihrer Meinung nach angebracht wäre. Oder Sie sollten zumindest dem Frieden eine höhere Bedeutung einräumen als deren verändertem Verhalten. Sonst fällt Ihr Frieden den unkontrollierbaren Handlungen anderer zum Opfer.

> »Wenn du Frieden möchtest,
> mache dich daran, dich selbst zu verändern.
> Es ist einfacher,

deine Füße mit Schuhen zu schützen,
als die ganze Erde mit Teppich auszulegen.«

ANTHONY DE MELLO [5]

Friedvolle Menschen setzen ihre Hoffnung auf Frieden nicht auf die Handlungen anderer. In seinem Buch *Awareness* schreibt Anthony De Mello: *»Wir sind nicht hier, um die Welt zu verändern, wir sind hier, um sie zu lieben.«*

Ich liebe die Kraft dieser einfachen Wahrheit. Mit nur wenigen Worten lenkt er den Fokus weg vom Versuch, die äußere Welt verändern zu wollen, und legt die Macht und die Verantwortung in unsere eigenen Hände, vor allem durch unsere Bereitschaft, voll und ganz zu lieben. Ich würde auch ergänzen, wir sind nicht hier, um andere Menschen zu verändern oder sie dazu zu bringen, sich so zu verhalten, wie es unserer Meinung nach angebracht ist. Viel sinnvoller ist es, zu lernen, die Menschen so zu lieben, wie sie sind.

Mit Liebe meine ich nicht die romantische Liebe und auch nicht, dass wir mit dem Tun der anderen einverstanden sein sollen. Liebe ist bedingungslos, beurteilt nicht und lässt die Menschen ihren eigenen Weg zum Frieden gehen.

Eine Erinnerung daran, sich zu erinnern

Haben Sie ein Problem damit, wie eine bestimmte Person sich verhält? Dann spielen Sie damit, wie es wäre, Ihren Frieden nicht davon beeinträchtigen zu lassen. Eine gute Möglichkeit ist *Mitgefühl*. Mitfühlende Menschen wissen, dass es keine schlechten Menschen gibt und dass jeder sein Bestes gibt, um inneren Frieden, Liebe und Glück zu erleben. Wenn also jemand wieder einmal etwas tut, was Sie nicht gutheißen, denken Sie daran: Auch diese Person tut ihr Bestes, so wie Sie. Sie weiß einfach (noch) nicht, wie es besser gehen könnte, sonst würde sie genau das tun. Sie braucht Ihr Mitgefühl, nicht Ihre Kritik.

Die friedliche Lösung

Lassen Sie Ihr Bedürfnis danach los, die Leute müssten sich so verhalten, wie Sie denken. Mitgefühl macht Sie frei davon.

Grund #4 – Pünktlich sein wollen

Wenn es um Ihren größten Herzenswunsch geht, nämlich um Ihren inneren Frieden, scheint Pünktlichkeit sehr unwichtig und nebensächlich zu sein. Und doch ist dies eine der häufigsten Ursachen von Stress, weswegen man leicht seinen inneren Frieden vergisst.

Vor einer Weile geriet ich auf dem Weg zu einem Vortrag über inneren Frieden und Gelassenheit in einen Stau. Der Verkehr war zum Stillstand gekommen, doch die Uhr tickte weiter, und ruck, zuck würde ich zu meinem Termin zu spät kommen. Automatisch ging ich im Kopf in die Zukunft, machte mir Sorgen, zu spät zu kommen, und mein Körper verspannte sich.

Eine Erinnerung daran, sich zu erinnern

Doch nach etwa einer Minute wurde mir plötzlich bewusst, wie mir dieses Denken an meine Verspätung Stress verursachte. Da musste ich ganz laut über die Ironie des Ganzen lachen: Ich war gestresst, weil ich vielleicht nicht pünktlich zu einem Vortrag über Gelassenheit und inneren Frieden kommen würde!

An diesem Tag wurde mir in meinem Auto nur allzu deutlich klar, dass ich eben dann ankommen würde, wenn ich ankam. Durch Stress würde es auch nicht schneller gehen, und der Stau war eine Chance, dem Frieden die höchste Priorität einzuräumen und die Fahrt zu genießen.

Als ich schließlich am Veranstaltungsort ankam, war »glücklicherweise« – welcher »Zufall«! – der Feueralarm ausgelöst worden, und alle Leute warteten draußen – nicht auf mich, sondern auf die Feuerwehr. Obwohl ich also eigentlich zu spät kam, war ich tatsächlich zu früh dran!

Die friedliche Lösung

Geben Sie das Bedürfnis auf, irgendwo schneller ankommen zu müssen als genau dann, wenn Sie ankommen.

Grund #5 – Festgelegte Zukunftspläne

Wenn man sich zu sehr auf die Zukunft fokussiert, wird der Frieden der Gegenwart sehr schnell »ad acta« gelegt. Festgelegte Zukunftspläne können Sie zudem daran hindern, Ihr Leben voll und ganz zu genießen; Sie wollen dann alles kontrollieren und wehren sich gegen das Leben, wenn es nicht so läuft, wie Sie sich das vorstellen.

Doch eins sollten wir nicht vergessen: Die Zukunft kommt nie ganz genau so, wie wir das erwarten. Also spielen Sie damit, nicht mehr zu versuchen, Ihr Leben in bestimmte Bahnen zu lenken. Wenn Sie es schaffen, Ihrem inneren Erleben mehr Bedeutung beizumessen als Ihren äußeren Lebensumständen, werden Sie viel freier. Dann warten Sie irrtümlicherweise nicht, bis Ihr Leben genau so ist, wie es Ihrer Meinung nach sein sollte, bevor Sie es auch tatsächlich genießen.

Eine Erinnerung daran, sich zu erinnern

Sie sind Ihren Zukunftsplänen verhaftet, wenn Sie die Zukunft brauchen, um glücklich und im Frieden zu sein und geliebt zu werden. Doch wie Sie ja bereits wissen, können all diese wunderbaren Schätze nur im gegenwärtigen Moment erfahren werden.

Sollten Sie also merken, Ihr Frieden und Ihr Glück werden davon abhängig, dass sich irgendetwas in der Zukunft verändert oder verbessert, dann halten Sie inne. Messen Sie Ihrer inneren, subjektiven Erfahrung des Lebens mehr Wichtigkeit bei als Ihren objektiven Lebensumständen. Füllen Sie Ihre Aufmerksamkeit mit dem jetzigen Augenblick. Machen Sie aus diesem gegenwärtigen Moment das Beste und lassen Sie das Jetzt genug sein.

Sie werden feststellen, dass Ihr Festklammern an Zukunftsplänen ganz mühelos dem Frieden weicht. Und Sie werden auch bemerken: Sobald Sie voll und ganz in der Gegenwart sind, brauchen Sie keine Zukunft mehr, die Sie erfüllt, denn Sie sind bereits vollständig und ganz, so wie Sie sind. Alles, was über diesen gegenwärtigen Moment hinausgeht, ist lediglich eine potenzielle Zugabe.

Die friedliche Lösung

Lassen Sie Ihr Bedürfnis los, dass das Leben so läuft, wie es Ihrer Meinung nach laufen sollte. Lassen Sie diesen Moment genug sein.

WIR WOLLEN EIN SPIEL SPIELEN

Priorität für Ihren Frieden

Die nächsten fünf Tage spielen Sie jeden Tag mit einer friedlichen Lösung und schauen, wie viel Frieden Sie erfahren:

- **Tag 1:** Geben Sie Ihr Bedürfnis auf, dass andere mit Ihnen einer Meinung sind, indem Sie selbst die Wahrheit erfahren.

- **Tag 2:** Geben Sie Ihr Bedürfnis auf, von Leuten gemocht zu werden, indem Sie in der inneren, ruhigen, stillen Quelle der Liebe verweilen.

- **Tag 3:** Geben Sie Ihr Bedürfnis auf, dass die Leute sich so benehmen, wie sie es Ihrer Meinung nach sollten.

- **Tag 4:** Geben Sie Ihr Bedürfnis auf, schneller irgendwo sein zu wollen als zu dem Zeitpunkt, an dem Sie eben ankommen.

- **Tag 5:** Geben Sie Ihr Bedürfnis auf, dass das Leben so abläuft, wie es Ihrer Meinung nach sollte. Lassen Sie diesen Moment genug sein.

- Und an **Tag 6** überlegen Sie: *Was sonst ist für mich wichtiger als mein Frieden?* Im Laufe der nächsten beiden Tage spielen Sie damit, Ihren Frieden wichtiger zu nehmen als die Dinge auf der obigen Liste.

Das ewige Spiel

Dieses Spiel geht in Wirklichkeit auf ewig so weiter! Räumen Sie Ihrem Frieden höchste Priorität ein, spielen Sie mit den Techniken aus Kapitel 10, um weniger zu denken. Meditieren Sie jeden Tag, um sich an die Kontext-Bewusstheit zu gewöhnen oder sich der ruhigen, stillen Gelassenheit des gegenwärtigen Moments bewusst zu sein. So können Sie unendlich viel Frieden, Liebe und Glück erfahren.

Leben, ohne zu denken, in der wirklichen Welt

Wenn sich im Leben Ziele ergeben und etwas Vorrang hat, dann tun Sie aus einem Zustand vollständiger Zufriedenheit heraus ganz mühelos das, womit Sie Ihren Körper oder Ihr Leben zum Positiven verändern können.

Doch da Sie bereits vollkommen im Frieden sind, klammern Sie sich nicht an die Erfüllung Ihrer Ziele oder Vorlieben. Sie sind vollständig und ganz. Sie halten an nichts fest und genießen dadurch alles. Sie haben sich einer Weisheit hingegeben, die jenseits der Parameter Ihres individuellen Geistes existiert. Sie lassen sich im Fluss der Gnade mit liebevoller Aufmerksamkeit treiben.

Widerstand und damit ungesunder Stress sind nichts Chronisches mehr. Heilung geschieht auf organische Weise; Glück ist in einem natürlichen Fluss, und Frieden stellt sich lebenslang ein.

Wenn Sie die Welt voller Staunen und Ehrfurcht betrachten, heißen Sie das Leben willkommen, wie auch immer es aussieht, und leisten ihm keinen Widerstand mehr, falls es nicht genauso läuft, wie es Ihrer Meinung nach laufen sollte. Gleichzeitig erleben Sie keinerlei Umstände mehr als schlecht und keinerlei Emotionen als negativ. Sie haben die dualistische, vom Geist erschaffene Illusion des Getrenntseins hinter sich gelassen und verweilen in der Einheit und in der Liebe.

Und das Beste daran ist: *Sie können das schaffen!* Frieden ist viel einfacher als Stress, Widerstand, Schmerz und Kampf.

Gestehen Sie sich zu, durch Präsentsein mit Ihrer Vergangenheit Frieden zu schließen. Achten Sie auf die Präsenz ruhigen, stillen Friedens in Ihrer Bewusstheit im Hier und Jetzt und ruhen Sie dadurch in Ihrem wahren Selbst; machen Sie ein Spiel daraus, das Leben jeden Tag etwas weniger ernst zu nehmen. Dann wandeln Sie schließlich auf dem Pfad der Freude.

Ein wunderbarer Lebensstil

In diesem Buch geht es darum, den Schritt zu tun vom Nachdenken über das Leben hin zur direkten Erfahrung der Fülle des Lebens. Das ist der Zauberschlüssel, der die Tür zur inneren Gelassenheit öffnet und in der Welt zu mehr Erfolg führt – ein wunderbarer Lebensstil. Sie erleben sich dabei als ruhige, stille Präsenz einer freudvollen Liebe, welche auf ewig präsent und absolut unendlich ist.

Denken oder nicht denken?
Das ist Ihre Entscheidung.

»Die Welt ist auf Magie
und nicht auf Fels gebaut.«

MSI [6]

Der lebende Beweis, dass Frieden möglich ist

· · · · · · · · · · · ·

DIE GROSSEN VORTEILE VON WENIGER DENKEN

Die **Lektionen dieses Buches** können in der Praxis große Vorteile haben. An dieser Stelle möchte ich ein paar der vielen Erfolgsgeschichten vorstellen, die Menschen wie Sie erlebt haben – Menschen, die von zu viel Denken genug hatten und durch die in diesem Buch dargelegten Prinzipien zu mehr Gelassenheit und Erfolg fanden. Auch Sie können solche Erfolge erzielen, wenn Sie diese Botschaften auf Ihr Leben anwenden: mit ganzem Herzen, mit Kopf, Körper und Seele. Sie werden sehen: Es lohnt sich unbedingt!

Darf ich vorstellen ...

... Jill, die unter lähmenden Angstzuständen litt

Tag für Tag hatte ich Angstanfälle, die mich lähmten und daran hinderten, auch nur die allergewöhnlichsten täglichen Dinge zu tun. Ich zitterte, mir war übel, und dann aß ich zu viel, um gegen die Übelkeit anzugehen, und rannte herum wie ein kopfloses Huhn, ohne wirklich irgendetwas auf die Reihe zu bekommen.

Seit ich Sandys Methoden anwende, habe ich überhaupt keine Angst mehr, bin viel energiegeladener, kann mich besser konzentrieren und bekomme mehr geschafft.

Mein Leben und in der Folge auch das Leben der mir nahestehenden Menschen ist ruhiger und glücklicher geworden. Ich lache viel mehr und schlafe auch besser. Alte Verhaltensmuster und vergangene Traumata gehören nun wirklich der Vergangenheit an, denn ich lerne, jeweils im jetzigen Moment zu leben und ihn zu genießen.

... Jen, die ständig verspannt war

Ich machte mir immer Sorgen, dass irgendetwas Schlimmes passieren würde, und darüber, was die anderen wohl über mich dachten. Das setzte meinen Körper fürchterlichem Stress aus. Ich war total verspannt, und manchmal konnte ich meinem Gefühl nach nicht einmal mehr richtig atmen. Vor lauter Nervosität fing ich an zu zittern. Nacken und Schultern taten mir weh, und durch den Stress bekam ich – als nicht einmal Dreißigjährige – graue Haare.

Meine Lebensperspektive hat sich durch Sandys Meditation vollkommen geändert. Jetzt betrachte ich die Welt zum ersten Mal durch erwachte Augen. Ich habe gelernt, einen Schritt von dem Aufruhr in meinem Kopf zurückzutreten und ihn nur zu beobachten. Dadurch habe ich erkannt, dass ich das friedvolle Gewahrsein bin, das sich meiner Gedanken und Emotionen bewusst ist. Welch eine Erleichterung! Mein wahres Selbst ist im Frieden, und ich habe das nicht einmal gewusst!

Danke, Sandy, dass du mir geholfen hast, mit meinem wahren Selbst wieder zusammenzutreffen, mir nicht mehr so viele Sorgen darum zu machen, was die Leute wohl über mich denken, und lebenslangen Frieden zu genießen!

... Jemima, die unter Panikattacken litt

Jahrelang litt ich unter Panikattacken, ständiger Angst und einem schwachen Selbstwertgefühl. Doch jetzt, während ich diese Zeilen schreibe, verspüre ich ruhige Zufriedenheit. Ich bin überrascht, dass ich tatsächlich Frieden, Glück und Freude erfahre! Ich habe das Gefühl, ich habe mein wahres Selbst gefunden, und verliebe mich von Minute zu Minute mehr in dieses Selbst.

Vor gut 18 Monaten lernte ich eine der einfachsten Lektionen meines Lebens, eine Lektion, die alle Aspekte meines Lebens auf höchst erstaunliche Weise veränderte. Jahrzehntelang hatte ich in einem Zustand der Furcht, des Stresses und der Erschöpfung gelebt. Tag für Tag bemühte ich mich, mein Umfeld zu kontrollieren, machte mir Gedanken über sämtliche potenziellen Resultate von allem, was ich tat; ich reparierte, was meiner Meinung nach defekt war, und klammerte mich an all das, wofür ich so hart gearbeitet hatte: meine Freunde, meine Arbeit und meine Besitztümer. Doch dieses ganze Denken und der innere Aufruhr machten sich – wen wundert's? – in Form von chronischem Kopfweh, Nackenschmerzen und entsprechenden Verletzungen bemerkbar, die mich tagelang plagten.

Im Laufe eines fünftägigen Retreats mit Sandy verschwand das alles, auch meine Denk- und Kontrollsucht, denn ich tauchte in einen unermesslichen Ozean der Ruhe ein, der in mir existierte. Ich lernte, im gegenwärtigen Moment zu leben, mir keine Gedanken mehr über die Zukunft zu machen oder zu versuchen, die Vergangenheit zu verändern. Und ich lernte, mir jederzeit der inneren Ruhe bewusst zu sein, ganz unabhängig von den äußeren Umständen.

Mit zunehmender Ruhe wurden alle Bereiche meines Lebens besser. Jetzt verlaufen meine Tage ganz ruhig und problemlos und sind von unglaublich viel Frieden, Freude und Glück erfüllt. Furcht und Angst können mich nicht mehr lähmen, stattdessen bin ich energiegeladen und voller Aufregung angesichts der unendlichen Möglichkeiten, die jeder Tag in sich birgt, und bin unermesslich dankbar dafür, wie einfach es ist, ein Leben im Frieden zu führen.

... Jenny, die mehr vom Leben wollte

Ich habe das Gefühl, ich habe einen Platz ganz oben an der Spitze, und das Wissen, dass ich vollkommen bin, so wie ich gerade jetzt bin, ist so befreiend. Ich muss ständig lächeln.

Danke, dass du mich an deinem Frieden und deiner Ruhe hast teilnehmen lassen, und dafür, dass du mir einen neuen Weg aufgezeigt hast, wie ich wahrhaftig lebendig sein kann!

... Ivan, dessen Krebs ihm Stress verursachte

Ich lernte bei Sandy meditieren, ein paar Wochen, nachdem bei mir Krebs im fortgeschrittenen Stadium diagnostiziert worden war. Ganz bestimmt wäre ich ohne diese wunderbare, einfache und uralte Meditation heute nicht mehr am Leben.

Ich kannte mich zwar supergut mit Ernährung, Sport und Coaching aus, wusste aber dennoch nie, wie ich effektiv mit Stress umgehen kann. Um die Wahrheit zu sagen: Ich wusste nicht einmal, dass ich unter Stress stand. Ich unterdrückte ihn einfach automatisch.

Ich hatte schon alle möglichen Meditationsarten ausprobiert und »meditierte« fast jeden Tag, denn die wissenschaftlichen Forschungsergebnisse sind eindeutig: Meditieren tut sehr gut. Doch für mich war es eine lästige Pflicht, ich fand es schwierig und spürte auch keinen großen Nutzen, weil ich, wie ich dachte, nicht gut darin war bzw. nicht stillsitzen konnte.

Dann erlernte ich von Sandy in einem Kurs die Techniken der »Ascension«-Meditation und war geschockt, wie dramatisch sie sich praktisch auf der Stelle auswirkte: Zum ersten Mal erlebte ich wahren Frieden! Zum damaligen Zeitpunkt ging es mir körperlich, geistig und emotional ständig sehr schlecht, und das war für mich das »normale« Leben. Der Kontrast war also überdeutlich. Nach nur zwanzig Minuten hatte sich sogar die Entzündung in meinem Körper bereits verändert! Anfangs konnte ich meinen eigenen Augen nicht trauen, denn nichts von dem, was ich versucht hatte, hatte bislang etwas genützt. Doch es passierte jedes Mal beim Meditieren wieder.

Ich meditiere nach wie vor und lebe dadurch wahrhaft ein Leben voller Freude, Liebe und Frieden, ganz unabhängig von den äußeren Umständen.

... Louise, deren Leben festgefahren war

Ab Mitte dreißig war ich nach einem Autounfall in meiner Bewegungsfähigkeit stark eingeschränkt, hatte ständig Schmerzen und war an den Rollstuhl gebunden. Tagtäglich mühte ich mich ab, mich um meine drei Söhne zu kümmern, und fühlte mich immer unzulänglich. Ich liebte mich selbst nicht und sah auch keine Möglichkeit, wieder Frieden zu erleben.

Durch das Meditieren habe ich am Leben wieder Freude gefunden. Wie mir klar wurde, war ich entweder deprimiert, weil ich alles nicht mehr machen konnte, oder hatte Zukunftsängste. Durch regelmäßiges Meditieren bleibe ich im Hier und Jetzt und kann das wertschätzen, was ich jetzt gerade habe. Ich habe gelernt, mich selbst zu lieben, und weiß, dass ich genüge, so wie ich bin. Meine körperliche Freiheit mag mir genommen sein, aber durch Meditation erfahre ich die Freiheit des Geistes, und das ist wunderbar.

... Robert, der unter einer klinischen Depression litt

Schon bei meinem ersten Wochenend-Workshop mit Sandy verwandelte er mein Leben. Mir, der ich das Lächeln verlernt hatte, tat am Sonntag nach dem Workshop vor lauter Lächeln der Kiefer weh. Ich fand körperlichen und geistigen Frieden.

Wie kam diese Veränderung zustande? Ganz einfach: Ich lernte loszulassen!

Ich war den dritten Monat wegen einer klinischen Depression krankgeschrieben – mir mangelte es an Selbstvertrauen, ich fühlte mich schrecklich und furchtbar verzweifelt. Ich dachte sogar daran, mich umzubringen, denn ich kam im Kopf einfach nicht an einen Punkt, an dem ich mich gut fühlte. Nach nur einem Wochenende mit Sandy gewann ich eine ganz neue Sicht auf mein Leben – es wurde zu einem sehr glücklichen und sicheren Ort. Sandy brachte mir die Methoden bei, und nach nur einem Tag wusste ich, wie einfach ich das negative Denken loslassen konnte.

An zwei ganz wichtige Dinge erinnere ich mich noch drei Jahre später ganz deutlich: Zum einen konnte ich gar nicht mehr aufhören zu lächeln, und zum anderen leuchten die Farben um uns herum so lebendig! Auf der Rückfahrt vom Kurs fiel mir ständig das wunderschöne Rot der Straßenschilder auf! Obwohl ich in meinem Leben so viele Tausend Kilometer gefahren bin, war mir das Rot dieser Schilder vorher nie aufgefallen. Außerdem traf ich mich mit meiner Schwester, und sie sagte: »Schau dich nur an …, du lächelst ja!«

Ich praktiziere die Meditationstechniken überall, und es ist ein ganz tolles Gefühl!

… Bianca, die ihrem Leben ein Ende setzen wollte

Ich habe mein negatives Denken überwunden und gelernt, mein Leben mühelos zu leben und zu genießen. Ich spüre buchstäblich in jedem Quadratzentimeter meines Körpers die Wärme und Energie fließen. Noch vor ein paar Wochen wollte ich meinem Leben ein Ende setzen; jetzt habe ich die Freude, die Freiheit und den Frieden entdeckt – das ist ganz schön beachtlich!

... Sue, die sich zu viele Sorgen machte

Ich habe die Natur schon immer geliebt, doch jetzt scheinen die Blumen farbenprächtiger und die Landschaften noch großartiger zu sein als jemals zuvor, auch wenn ich das schon oft gesehen habe – eigentlich scheint alles noch toller zu sein. Fast jeden Abend meditiere ich mich in den Schlaf und schlafe nun viel besser und tiefer.

Ich fühle mich insgesamt ruhiger und nehme das, was passiert, besser an, auch wenn es mir nicht gefällt. An schlechten Tagen weiß ich, dass das kein Dauerzustand ist, und es ist okay, mich genauso zu fühlen – das schenkt mir eine Art Frieden, auch wenn ich aufgebracht, wütend oder sonst was bin. Ich weiß jetzt, dass ich immer die Wahl habe, wenn mein Kopf die Führung übernimmt und ich »gedacht werde«; das gibt mir ein Gefühl der Freiheit, das ich vorher nicht hatte.

Auch anderen Menschen begegne ich mit mehr Verständnis und nehme sie eher genauso an, wie sie sind und was sie machen. Ich kümmere mich besser um mich selbst, und normalerweise heißt das, ich mache weniger, anstatt verzweifelt und hektisch immer mehr zu tun, um anderen zu gefallen. Früher machte ich mir viele Sorgen darüber, was andere wohl von mir denken, wo ich mich doch so sehr für Heilen und komplementäre Therapien interessiere; ich dachte, sie halten mich für komisch, doch jetzt ist mir die Meinung anderer über mich nicht mehr so wichtig, und so habe ich den inneren Frieden und die Ruhe im Kopf, um so zu leben, wie ich möchte, und um offener zu sein, anstatt mich zu verstecken oder das zu tun, was meiner Meinung nach von mir erwartet wird. Das hat mir Selbstvertrauen gegeben, und ich bin stolz auf mich. Ich glaube, auch als Therapeutin bin ich durch diese inneren Veränderungen besser geworden.

... Sue, die ihre Träume vor sich her schob

Vor dem Meditations-Wochenende mit Sandy arbeitete ich als Dozentin an einem großen Gesundheits- und Kosmetik-Institut, hatte aber schon immer davon geträumt, meine eigene Ausbildungs-Akademie zu haben. Doch ich hatte große Versagensängste und fürchtete, nicht gut genug zu sein; dadurch steckte ich letztendlich dort fest, wo ich eben war.

Seit dem Kurs fällt es mir nicht schwer, jeden Tag zu meditieren, und ich habe das fehlende Puzzleteilchen für meinen inneren Frieden gefunden. So lösten sich auch meine Ängste hinsichtlich meiner eigenen Akademie auf. Zwei Jahre später bin ich nun die stolze Gründerin und Leiterin einer sehr erfolgreichen Ausbildungs-Akademie. Inzwischen haben auch viele meiner Studenten und Studentinnen bei Sandy meditieren gelernt und können somit ein reicheres und erfüllteres Leben führen.

... Gail, die kontrollsüchtig war

Nach einem Wochenend-Workshop mit Sandy hatte ich meinem Gefühl nach wirklich das fehlende Teilchen im Puzzle meines Lebens gefunden – ein wichtiges Hilfsmittel, mit dem ich jederzeit, ob tagsüber oder nachts, zum Frieden und zur Ruhe und – noch wichtiger – zu meinem wahren Selbst zurückkehren konnte – zu meiner Seele und meiner Verbindung zu Gott.

Inzwischen kann ich durch Meditieren das allzu viele Denken loslassen und mich mit der unendlichen Fülle der Quelle des Lebens verbinden. Jeder Mensch erlebt Meditation anders, doch für mich fühlt sie sich an einem »guten« Tag so an, wie wenn mich ein geliebter Mensch aufhebt und liebevoll umarmt, so wie wir es als kleines Kind erlebten.

... Tina, die supergestresst war

Auf der Heimfahrt vom Meditationskurs schaltete ich das Radio aus, und das war etwas ganz Neues für mich, denn ich hatte damit immer meinen Kopf zur Ruhe gebracht. Ich meditierte auf dem ganzen Weg nach Hause (natürlich mit offenen Augen!). Es war mir vorher nie klar gewesen, dass ich mit offenen Augen meditieren und dabei so alltäglichen Dingen nachgehen kann. Die zweieinhalbstündige Fahrt verging wie im Flug, und ich kam ganz ruhig, entspannt und frohen Mutes daheim an.

Seit einem Jahr meditiere ich regelmäßig, und wie ich festgestellt habe, brauche ich weniger Schlaf und fühle mich am Morgen erfrischter. Auch in Zeiten enormer Arbeitsbelastung hat mir das Meditieren sehr geholfen; ich wurde dadurch auf das ablenkende Geplapper im Kopf aufmerksam und konnte diese Gedanken zur Ruhe bringen. So kann ich mich besser und ruhiger auf die bevorstehende Aufgabe konzentrieren. Ich erlebe auch regelmäßig Gefühle des Friedens und der Zufriedenheit und würde sogar so weit gehen, zu sagen, dass ich manchmal so etwas wie Glückseligkeit verspüre, und das zu sagen ist für mich ganz seltsam, da ich normalerweise emotional und verbal eher untertreibe. Aber ich weiß, dass es wahr ist, denn ich kann es gar nicht anders beschreiben. Ich weiß, der Frieden ist immer in mir, und mit der Zeit kann ich mich immer öfter dafür entscheiden, ihn auch zu fühlen.

... Lindsey, die ein Workshop-Junkie war

Ich war ein totaler Workshop-Junkie und hatte jede Menge Bücher über Spiritualität, Magie, alte Praktiken, Meditation und Yoga im Bücherregal stehen. Ich war sogar nach Indien gereist, in der Hoffnung, dort wahren Frieden und wahre Liebe zu finden. Doch obwohl ich praktisch jeden Workshop unter der Sonne besucht hatte, war ich doch immer selbst mein schlimmster Feind gewesen und fühlte mich oft als Opfer von anderen Menschen, ihren Taten und Verhaltensweisen; ich fällte immer und überall strenge Urteile über mich oder setzte dem Leben, so wie es war, Widerstand entgegen.

Durch das Meditieren habe ich mich selbst kennengelernt, und das gab mir so viel Kraft, dass ich so tapfer, mutig und ehrlich sein kann, wie ich es mich früher nie getraut hätte. Ich habe den ruhigen, stillen Raum kennengelernt, und das hat mir so viel Freiheit geschenkt, die ich mir für mein kleines altes Selbst niemals erträumt hätte.

Früher suchte ich im Außen nach Liebe, trachtete nach dem Lob und der Bewunderung der anderen. Wie ich jetzt entdeckt habe, lebt die Liebe in mir und wartet nur darauf, von mir wahrgenommen zu werden. Ich hätte nie gedacht, dass das so einfach sein könnte. Ich muss nicht meinen Geist ruhigstellen, wie ich das früher versucht hatte, ich muss ihn nur wahrnehmen und dann sein lassen; ich kann aufhören, das Leben kontrollieren und begreifen zu wollen. Dann bleibt nur noch ein sanftes, ruhiges, stilles und friedvolles Glück, und das ist bis heute die reine Magie.

DANKSAGUNG

Ein großes Dankeschön geht an den Newbigging-Klan, der mich immer ermutigt, meinem Herzen zu folgen. Und ein weiteres Dankeschön geht an Lindsey Dayavati Best, die immer für mich da ist. Und an Micci Gorrod und Lee Johnson, weil sie für mich eine Umgebung schaffen, die mich zum Schreiben inspiriert.

Ich danke dem Team von Findhorn Press: Jacqui Lewis für das Lektorat, Richard Crookes für die wunderbare Covergestaltung und Sabine Weeke, die das gesamte Projekt als vertrauenswürdige und wohlmeinende Kritikerin begleitete.

Ich danke auch von Herzen allen Menschen, die meine Vorträge, Praxen, Ausbildungskurse und Retreats besucht haben. Ohne ihren Mut, das Gewünschte zu verfolgen, wäre dieses Buch nicht möglich gewesen.

Und schließlich möchte ich mich bei MKI bedanken: Deine Führung half mir, die ruhige Stille zu entdecken, und dafür bin ich auf ewig dankbar.

Ich bedanke mich auch für alle Genehmigungen für die in diesem Buch aufgeführten Zitate, insbesondere bei MKI und Timothy Freke für ihre Worte.

1   Anthony de Mello: *Awareness.* © 1990 The Center for Spiritual Exchange. Veröffentlicht von Fount, Neuauflage 1997, S. 56.

2   Bhagwan Shree Rajneesh (Osho): *The Buddha. Emptiness of the Heart.* © 1989 OSHO International Foundation, S. 57. Mit Genehmigung der OSHO International Foundation, www.OSHO.com.

3   Anthony de Mello: *Awareness.* Siehe Nr. 1, S. 5.

4   Aus: Video-Vortrag von Eckhart Tolle: *From Feeling Upset to Being Peace*. © Eckhart Tolle. Veröffentlicht von www.eckharttolletv.com.

5   Aus: Anthony de Mello: *Awareness*. Siehe Nr. 1.

6   MSI Maharishi Sadasiva Isham: *Ascension*. © 2010 Ishaya Foundation. Veröffentlicht von Ishaya Foundation Publishing Company, S. 108.

RUHE IM KOPF zeigt Ihnen, wie Sie sich von Stress befreien und inneren Frieden finden können. Sandy Newbigging vermittelt wunderbare Einsichten und Werkzeuge für eine tiefgreifende Transformation.

Joseph Clough, Autor von *Be Your Potential*

~~~~~~~~~

Möchten Sie gerne inmitten unseres stressigen modernen Lebens die Ruhe bewahren? Dann ist dies genau das richtige Buch für Sie. Ein klarer, praktischer und wunderbar eingängiger Leitfaden, um das zu finden, wovon wir alle heutzutage mehr brauchen: inneren Frieden und Ruhe im Kopf.

Timothy Freke, Autor von *The Mystery Experience*

~~~~~~~~~

Sandy Newbigging hat es erneut geschafft. **RUHE IM KOPF** hilft uns, zu erkennen, dass wir auf der Stelle in Frieden kommen können, und zeigt auf, wie wir als menschliche Wesen mehr Glück im Leben erfahren können.

Nick Williams, Autor von *Powerful Beyond Measure*

~~~~~~~~~

Dieses inspirierende und gleichzeitig praxisnahe Buch wird Ihr Leben verändern!

Suzy Greaves, Autorin von *The Big Peace*

~~~~~~

Schuhe ausziehen, sich zurücklehnen und dieses zeitgemäße Buch genießen, welches Sie daran erinnert, dass alles, was Sie zu Ihrer Glückseligkeit brauchen, bereits in Ihnen vorhanden ist.

Ursula James, Autorin von *The Source*

~~~~~~

Wollen Sie weniger Stress und mehr Ruhe erleben? Dann ist dieses Buch genau das Richtige, um zu lernen, wie es geht.

Dr. Mark Atkinson, Autor von *True Happiness*

~~~~~~

Ganz ehrlich: **RUHE IM KOPF** ist ein Meisterwerk und für Menschen mit und ohne Meditationserfahrung geeignet.

Sasha Allenby, Autorin von *Matrix Reimprinting*

Sandy C. Newbigging hat die *Mind-Detox*-Methode (MDM) und die *Conscious Awareness Life Meditation*-Methode (CALM) entwickelt und ist Autor mehrerer Bücher, unter anderem *New Beginnings, Life Detox, Life-Changing Weight Loss* und *Heal the Hidden Cause* (dt.: *Detox für den Geist*) sowie *Mind Calm* (dt. *Die Mind-Calm-Methode*). Sandy bloggt für die »Huffington Post« und schreibt Beiträge für das »Yoga«-Magazin. Über seine Arbeit wurde weltweit im Fernsehen berichtet, darunter auch auf dem Discovery-Health-Kanal. Er führt in Großbritannien mehrere Praxen und hält internationale Retreats ab. Außerdem betreibt er eine Akademie zur Ausbildung von *Mind-Detox*-Anwendern.

Weitere Informationen über Vorträge und Workshops von Sandy C. Newbigging sowie Terminvereinbarungen für Vorträge unter:

answers@sandynewbigging.com
www.facebook.com/minddetoxman
www.twitter.com/minddetoxman
www.sandynewbigging.com

DAS LEBEN
NACH DEM DAUERDENKEN

Club: Sie können Sandys Online-Club beitreten, wo Sie Zugang zu Videos, Audiodateien und Artikeln sowie besonderen Angeboten haben.

Praxen: Sie können eine private Sitzung mit Sandy buchen oder einen *Mind-Detox*-Anwender in Ihrer Nähe finden, indem Sie die entsprechende Suche auf Sandys Website verwenden.

Kurse: Sie können weitere fortgeschrittene Formen der Meditation mit Sandy erlernen, die nur im persönlichen Kontakt weitergegeben werden.

Retreats: Erleben Sie Sandys einzigartigen Geist-Körper-Ansatz für bessere Gesundheit, mehr Frieden und Glück bei einem seiner Retreats. Sehr empfehlenswert!

Akademie: Bewirken Sie einen positiven Unterschied im Leben anderer Menschen; machen Sie eine Ausbildung mit Sandy zum qualifizierten Anwender der *Mind-Detox*-Methode (MDM).

Weitere Informationen unter *www.sandynewbigging.com*

SANDY C. NEWBIGGING

**DETOX FÜR DEN GEIST –
DIE 5-SCHRITTE-METHODE**

Die *Mind-Detox*-Methode bietet eine außergewöhnliche Möglichkeit, die verborgenen mentalen Ursachen physischer, emotionaler und anderer Lebensprobleme zu lösen. Einfach ausgedrückt: Wenn wir körperlich oder im Alltag etwas als »negativ« Empfundenes erleben, ohne zu wissen warum, birgt diese Methode die grandiose Chance zur Selbsthilfe.

So wurden Menschen in aller Welt von Hautproblemen, chronischen Schmerzen und Verdauungsproblemen befreit, haben ihre Gesundheit verbessert und ihr Wohlbefinden gesteigert – um nur einige der Erfolgsgeschichten zu nennen.

In diesem bahnbrechenden Buch zeigt Sandy C. Newbigging, wie wir unter anderem die zwanzig ungesündesten Überzeugungen auflösen, welche die verborgene Ursache zahlloser Probleme sind. Er leitet uns an, chronischen Stress zu reduzieren und den Körper sich selbst heilen zu lassen, indem wir mit unserer Vergangenheit Frieden schließen. Durch das Aufgeben einschränkender Überzeugungen werden wir schließlich auf privater und beruflicher Ebene glänzende Erfolge erzielen.

Broschur, 208 Seiten
ISBN 978-3-86728-279-6